「嵐」に学ぶマーケティングの本質

IBAカンパニー 代表取締役
射場 瞬

日経BP

はじめに

本書は、2020年をもって活動を休止したグループ「嵐」を事例に用い、2021年の今、必要とされる最新かつ実践的なマーケティングを学んでもらおうという「思い」で書いた本である。手に取ってくださった皆さんは、マーケティングに興味を持ち、何らかの形でマーケティングの理論や考え方を仕事に役立てたいと考えていらっしゃるのではないかと思う。

同時に、デジタル活用を含め、マーケティングの変化にも戸惑っていらっしゃるのではないだろうか。現在、消費者の考え方や行動、メディアの利用方法が急スピードで変化している。その変化に伴い、必要とされるマーケティングやその知見が変わっていく。SNSなどでバズることがより重要になったり、YouTuberが活躍したり、消費者の行動やメディアとの接触方法が日々変化している。その渦中で、「どうマーケティングをしていくべきか」という答えを見つけることはとても難しい。

そのようなビジネス環境下で、トップアイドルとして活躍した嵐の考え方や戦略は、現在のブランディングやマーケティングを学ぶ最適かつ最高の事例となる。著者はそう考えて本書の執筆を始めた。

では、なぜ嵐を題材としたのか、どんなことを本書で学べるのか、もう少し具体的にお話ししたい。

まず、2021年の今、必要なマーケティングを学ぶために、嵐だけを事例にすることが効率的だと思った理由を3つご説明しよう。

1つ目は、インパクトとセンスのある、多彩なマーケティング事例が見つけられたからである。著者は消費者や自社顧客を深く理解しようとしながら、マーケティングや新規事業開発の領域の仕事を続けてきた。そうしたマーケティングの経験をもってしても、素直に「嵐のブランディングはすごい！」「嵐のマーケティングにはかなわない！」という感想を持つ。

2つ目は、嵐が〝長く売れたブランド〟だからである。21年間の活動の中で、多くのファンに深く愛され、その愛情を長期間保つことができた。少なくとも10年以上はトップアイドルの座を保ち、その勢いを落とすことなく、活動休止に入ったのである。長く売れるブランドには理由がある。そして、実例を詳細に見ながら成功の理由を考えていくことにより、長期的に顧客に愛されるブランドをつくるエッセンスが学べる。

3つ目は、マーケティングの基本的な概念も、現在進行形で変化している最新理論も、嵐という1つのブランドによって学べると信じるからである。100個の成功事例を見るよりも、1つの優れた事例を掘り下げ、詳細に分析する方が、深く多面的にマーケティングを学ぶことができると著者は考える。

次に、本書でマーケティングの何を学ぶことができるかを説明したい。本書では、普遍的かつ重要であると著者が日ごろ感じている「基本的なマーケティングの概念や考え方」と、最新であり、かつ今も進化し続ける「理論の方向性やその主軸となる考え方」の両方を学べることを目指している。

ブランディングやマーケティングの分野において、本質的、基礎的な概念は時代の変化などに大きく左右されない。消費者や顧客を深く理解する一貫性の重要さ、ブランド資産（エクイティ）かそうでないか（オフ・エクイティ）かを考えるなど、本質的なマーケティングをするうえで重要な考え方は、昔から変わっていない。まずは、そのマーケティングの基本概念のうち著者が大切だと思うものを選択し、嵐の事例を詳細に見ながら学べるようにした。

しかし、冒頭にも述べたように、消費者の思考や行動は現在も変化している。ここ数年で出版されているマーケティング理論の書籍では、基礎的な概念を土台にしながらも、今日の消費者の行動に合わせてマーケティングを変化させる必要性を語っている。接触するメディアも、ＳＮＳの活用を含めて消費者の行動や考え方が急速に変化し、それに合わせてマーケティングの理論も手法も急激に変化している。

例えば、マーケティングの基本理論の大御所と考えられている研究家・教授たちも、消費者やメディアの変化に対応して、次々と理論の変更や新理論の発表を行っている。マーケティング理論は、消費者の考え方や行動を理解するためのフレームワーク（枠組み）であり、消費者が変化すれば変わっていくのは当然と思われる。４Ｐ（Product, Price, Promotion, Place）、３Ｃ（Customer, Competitor, Company）、ＡＩＤＭＡ（Attention, Interest, Desire, Memory, Action）といったなじみの深かったフレームワークも進化を遂げている。

皆さんご存じのフィリップ・コトラー氏も、『コトラーのマーケティング４・０ スマートフォン時代の究極法則』（朝日新聞出版）を前著から7年ぶりに出版した（日本語版の発行は2017年）。まだ、日本語の翻訳版は出されていないが、2021年2月には『マーケティング5・0』を出版し、マーケティング理論の変化の早さを感じさせた。

著者は本書を執筆するに当たり、最新の理論を理解するためにマーケティング関連の書籍を多数読んだ。その中で参考になると思われる理論は、嵐の事例分析のフレームワークとして紹介している。特に、コトラー氏やデービッド・アーカー氏らの理論などは、本文中でも引用している。新しい一連の理論を読んだ著者の感想として、嵐のマーケティングは、これらの最新の理論で分析しても「正しい」。デジタルとSNS時代のマーケティング理論の「こうあるべき」「これが大切である」という理想型や考え方と一致する。「嵐、恐るべし」と思わずにはいられない。嵐はなぜ、マーケティングの理論の先を走り、最先端のマーケティング手法や考え方を持てたのか。その理由はシンプルだと思う。新しい理論やフレームワークの発表を待つことなく、ファン（顧客）の変化とともに嵐自身がマーケティングのやり方を進化させてきたからである。

繰り返しになるが、「人」の心を動かすマーケティングを2021年の今実践するには、基礎的な概念と理論の進化の両方を深く理解することが必要だ。

基本的な概念に照らし合わせながら成功した事例を詳細に分析し、人の気持ちが動く理由を学ぶのは、新しい理論を学ぶのと違った意味で重要である。

嵐を事例に選んだ理由でも述べたが、人気を長期間保つブランド、その商品・サービスには、人から深く愛され、人が推したいと思う理由がある。そして、多数の人の心が大きく「動く」とき、高確率で商品やサービスが売れる。ＡＩ（人工知能）やデジタルが発達した時代でも、人の気持ちを動かすことは、やはりマーケティングの一番重要な、成功への道であると著者は信じている。

嵐というグループがどうやって、その熱く深い「好き」という気持ちを継続的にファンに持ってもらい、その気持ちと関係性を強めていったのか。縦並びではなく、横並び（対等）なファンとの関係はどうやってつくられたのか。ブランディングやマーケティングの基礎理論を活用しながらひも解いていく。

熱量の高い「好き」を生み出す例として、嵐の活動を細かに分析していた際、著者が強く感じたのは、圧倒的なマーケティング「センス」である。私がここで言っているセンスとは、自分たちのファンを深く理解し、その気持ちを動かす最適かつ最高のコミュニケーションを届ける力である。

嵐が見せているような、高いマーケティングセンスを急に身につけることは難しいが、優れたセンスを持つブランドの活動を詳細に分析して、それを理解することに意味がある。なぜ（WHY）と手法の詳細（HOW）を推測、分析して、優れたセンスのベースになる本質、考え方、法則性、効果的なコミュニケーションの仕方などを学ぶ。学んだうえで、今現場で自分が実践しようとしているマーケティングプロジェクトを、新しい視点とフレームワークでもう一度見直してみる。すると、より自分の理想に近づいた、人の気持ちを動かすマーケティングができる可能性が高くなるだろう。

嵐は、試行錯誤して自らのブランディングをし、ファンに向けて発信し、反応を見ながら細やかに調整と変化を繰り返してきた。ファンたちの行動やメディアとの接触方法の変化、SNSを含めたデジタルメディアの進化に合わせて、嵐自身のマーケティングの手法も進化させてきた。参考になる実例として、SNSやデジタルを効率的に活用する、ファン自体をコミュニティー化・メディア化する、リアル体験で感じられるような熱量の高い体験をオンライン上でつくるといった、現場で活用したいと思うような実践の手法も詳細に見ていく。自社商品・サービスのマーケティングの参考になり得る示唆と、最新理論で裏付けて説明できる実例を本書の中に見つけていただけると思う。本書を読み終わったとき、「嵐のマーケティングがどうすごいか、なぜすごいか」ということだけでなく、実践に役立つフレームワークや理論も理解していただけたらと思う。

読者の皆さんに一つお願いをしたい。本書は、著者の観察と分析をベースに書いたマーケティングの書籍であり、ジャニーズ事務所に許可をいただいて執筆したオフィシャル本ではないことをご理解いただきたい。なお、嵐に関しての事実や記述に関しては、正しくお伝えできるよう、できる限りの事実チェックは行った。

本書を書くうえでの著者の思いも、ここで少しお話したい。「嵐のマーケティングを理解する、そんな本を書いてみたい」。そう考え始めたのは7年ほど前のことだ。いつか、私が日ごろ感じている「嵐が行っているマーケティングのすごさ」や「それを分析する面白さ」「そこから学ぶ、再現性につながる考え方や視点」を誰かに伝えたいと考えていた。

今、著者にとってデビュー作となる本書を、本気で書き抜く「覚悟」をしている。ＢＧＭは、２０２０年7月24日から配信された、嵐の「IN THE SUMMER」である。「世界で嵐を巻き起こしたい」という嵐の発言を少しずつ形にし、世界に一斉配信したこの曲を聴きながら、改めて嵐から勇気をもらった。この曲を聴いていると少し切なくなり、新しく吹く心地よい風を感じ、ささやかな力だけど、自分ができることを誰かのためにやりたい、伝えたいと感じる。そして、自分が「伝えたい」と感じていることを、本という形で読者の皆さんに届けたいと心から思う。

本書でのマーケティング理論と嵐との学びの旅が、読者の皆さんにとって価値のある時間になるようにと願っている。そして読後、消費者ととことん向き合うことに、勇気と希望と自信を持てるように、本書が、そんな形で読者の皆さんのお役に立つとうれしい。

ではまず、マーケティングの本質を一緒に嵐に学ぶ旅、いわゆる「ジャーニー」を、ブランドに関する理論と嵐ブランドについての話から始めていこう。

射場　瞬

目次

| 第2章 |

第3章

デジタル活用を「嵐」に学ぶ

第4章

第1章

ブランドとブランディングを「嵐」に学ぶ

「嵐」というトップブランドを育てる、「嵐」というトップブランドで居続ける

「嵐」という、並々ならぬ熱量による支持と消費行動を生み出すブランドがどうつくられたかを考えていくために、まず「ブランドとは何か」という理解を読者の皆さんと共有したい。

ブランドは一般的に使われている言葉だが、「ブランドっていったい何？」と聞かれると答えに詰まる、正確に理解していない言葉・コンセプトであるように思う。例えば、マーケティング界の重鎮であるフィリップ・コトラー氏は次のように定義している。「ブランドとは、個別の売り手または売り手集団の財やサービスを識別させ、競合する売り手の商品やサービスと区別するための名称、言葉、記号、シンボル、デザイン、あるいはこれらの組み合わせである」（『コトラーのマーケティング4・0 スマートフォン時代の究極法則』）。これは、皆さんの想像するブランドの考え方に近いのではないだろうか。

ところが2021年になった現在、消費者の行動や考え方の変化に伴い、ブランドやブランディングの考え方は大きく変化・進化している。インターネットが発達し、様々なサービ

スやメディアが次々と現れている今の状態で、他のサービスと区別できるような、際立った巨大なブランドをつくることは難しくなってきている。

まず、「ブランドとは何か」「ブランディングとは何か」という問いに対して、著者が納得している考え方を一緒に見ていきたい。そのうえで、嵐というグループが、嵐ブランドをどう考え、育て、進化させ、強いブランドとして確立していったか。その軌跡を読者の皆さんと一緒に追っていきたい。

ブランドとは何か？

まずは2021年現在、読者の皆さんがブランドを考えるときに重要になる4つのポイント・考え方に沿って話していきたい。

ポイント1
ブランドが存在する場所は人の〝頭の中〟

現在のブランディングの理論や考え方では、前述したコトラー氏の定義とは異なり、ブランドは「対象消費者の頭の中」にあると捉えられていることが多い。つまりブランドとは、企業の広報発表や広告で「私はこういうブランドです！」と伝えられている内容ではなく、対象消費者の〝頭の中〟につくり出されている感情やイメージ、言葉などである。また、短期的に記憶してもらう（バズって一時的に記憶に残る）のではなく、長期的に頭の中に定着することが理想となる。

ブランドを保有する企業が、「私のブランドは、見た目もかわいくて、おいしくて、体に良い」と一方的に伝えても、そのメッセージやイメージが消費者の頭の中に存在しない限り、それも中長期的に頭の中に居座ることができないと、ブランドとは呼べない。

自分たちが伝えようとしているイメージ、ステートメント、タグライン、ブランドコピーなどが「ブランド」だという誤解を持ったままマーケティングを進めると、消費者の頭の中にあるイメージとの「ずれ」が生じる。そして、ブランド保有者が考える自社ブランドのイメージや差別化ポイントが、消費者の頭の中にあるものと違ってしまう。さらに、「ブランドを強化するために」、ずれた状態のままでマーケティングを続けると、ずれはより大きくなったりもする。競合や自社が行ったマーケティングなどの影響を受けて、消費者の頭の中にある「ブランド」が勝手に変化するということも起こり得る。消費者の頭の中に存在するブランドは可視化できないものなので、このような変化にも、自分たちの誤解（保有者が考えるブランドと消費者の頭の中のブランドとのずれ）にも気づきにくい。消費者の頭の中に存在するブランドの姿を、ブランドの保有者が問い続け、考え続けることが必要になる。

ポイント2

〝誰の〟頭の中かが重要

ブランドを考えるとき、誰にとって魅力的なブランドとするかが、非常に重要になる。例えばメディアの選択一つにしても、消費者によって日ごろ接触しているメディアは異なり、YouTubeしか見ない、Netflixや Hulu中心、テレビしか見ないなど、多様な嗜好性がある。

今後も、消費者の多様化が進んでいく現在だからこそ、「〝誰の〟頭の中にブランドをつくるべきか」ということの重要性が増してくる。

では、「〝誰の〟頭の中か」を、どうやって決めたらよいのだろうか。例えば広告主がテレビCMの枠の指定に使うように、F1層（20～34歳の女性）といった属性で決めるのだろうか。

消費者の嗜好や接触するメディアが多様化している現在は、ブランドの定義で説明したように、まずはファンの頭の中にブランドをつくるという考え方が重要になる。ブランドをつくる場所は、そのブランドを信じ、好きになってくれる消費者（ここではファンと呼ぶ）の頭の中であり、ファンとファン予備軍（ファンになる可能性が高い人）に向かってブランドを構築するべきだという考え方だ。商品・サービス提供側は、ブランドのファンもしくはファン予備軍をとことん理解して、その人たちに向けてコミュニケーションをとり、ブランドを育てていくことが必要になる。ブランド側は、ファンとその予備軍が誰なのか、対象を絞り、貴重なマーケティング資源を集中することでブランドを築く効率を上げられる。

「絞ることなんてできない！　決める基準がない！」と思うときに逆説的に使える手法が、誰を諦めるかを決めることである。少なくとも「直近は、この人たちはファンにならないに違いない」と思う人たちを、コミュニケーションやマーケティングのターゲットから外していくのである。

例えば、デビュー数年後の嵐が「嵐ブランドとはこういうものだ」という明確なイメージを誰かの頭の中につくろうとしていたとしよう。その「誰か」を選ぶとき、属性だけで区切るとファンになる可能性が高い15～20歳の女性であったとしても、その中からファンになる確率が低そうな人たちを選び、諦める対象とすることができる。「男性アイドルを好きとか意味がわからない」「2次元以外に興味が全くない」「洋楽しか聴かない」「K－

POPが最高！　J－POPなんて全然イケてない」……。こうした人たちが初期の嵐ファンになる確率は低かっただろう。このようにアイドルに興味がない、洋楽好き、K－POP好き、等々の人を最初は追わないと決め、関連のウェブサイトやイベントなどは、初期のターゲットから外してみる、というメディア施策が考えられる。

ポイント3
共感できる「意味ある差異」が必要

誰かの頭の中にブランドをつくることは、一般的に手間もお金（メディア費用）も時間もかかる重要な活動である。そのため、時間の効率性や投資効率を考えても、ブランドにとって一瞬の人気ではなく中長期的にファンでいてもらうことが重要になる。つまり、一度ファンになった人たちが好きで居続けてくれること、その頭の中にブランドを長期にとどめてくれることが理想的である。

ファンがファンであり続けてくれる、また、ファン候補が熱量を増してファンになってくれるためには、対象となる人たちが「意味ある差異」に共感することが必要になる。意味ある差異への共感とは「このブランドでなければと思える違い」を強く感じることである。このときに重要なのは、〝私にとって〟とか〝私たちにとって〟意味ある差異であること。一般の人にとって大きな差異であったとしても、それがファンやファン候補者にとって〝その違いには共感できない〟〝心に響かない〟と思われてしまう差異ならば、意味がないのである。

例えば、私が冷蔵庫を購入すると仮定しよう。そのとき、どんな理由で購入を考え、どんな環境で使おうと検討しているかによって、冷蔵庫という商品に対する「私にとっての意味ある差異」が変わる。キッチンが狭めで、左側しか十分なスペースがないとしたら、スリムであり、左側からも開けられる冷蔵庫を「私向き」と思うかもしれない。私の中で環境問題への意識が高まっていたら、製造元が環境に対しての活動に熱心で、エコを考えた冷蔵庫であることが重要かもしれない。購入しなくても、私にとって心に引っかかった、検討してみようと思ったブランドや製品は、記憶に残るだろう。この例における私にとって意味ある差異は、冷蔵する機能が一番優れていることや価格など、カタログや比較表に出てくるデータや条件ではないのである。

嵐ファンの頭の中には、自分にとって共感できる差異がどのように存在しているか、実際のファンの声を聞いて、確かめてみよう。読者の皆さんの周りにいる、熱心な嵐ファンの方2、3人を探し、そして2つ質問をしてみてほしい。

1．嵐が他のアイドルと違うのはどんなところか？
2．嵐のどんなところに共感する（心を動かされる）のか？

この段階で、嵐ファンの方なら熱のこもった嵐ブランドに対しての説明をしてくれるかと思う。その際、大切な観察点は2つ。

1．「私の頭の中にあるブランド」として、「私にとって」とか「私が考える」という自分の主観で語ってくれているかどうか。
嵐ファンであれば、ファン一人ひとりが考えている「私の嵐」像が、頭に存在する可能性が高い。

2．語ってくれる嵐に、共通するイメージやキーワードがあるか。
自分の言葉で嵐を自由に語っていても、ファンの語るイメージや強調するポイントが共通している場合が多い。

後ほど、より詳しく嵐ブランドについて説明するが、ここで感じていただきたかったのは、嵐ファンの中に、熱量の高い「嵐を好きな理由」と「他の人気アイドルと違う差異」があり、その理由や差異に関して、ファンの中で共通点が存在するということである。

では次に、嵐は知っているがあまり興味がないという方々に、同じ質問をしていただきたい。おそらく一般的によく耳にするような「国民的アイドル」「子供からお年寄りまで愛される」「仲が良さそう」などの表現が出てくるだろう。これらの言葉には、「我が事」（私の頭の中にあるブランド）としての共感や、熱量が感じられない。そして、そこに明確でわかりやすい「差異」がない場合が多い。それは嵐ではなく、別のグループ名で話しても成り立つ特徴であったりする。嵐ほどの国民的グループであっても、ファンでない人に意味ある差異を感じ、共感してもらうのは難しいということに気づいていただけると思う。

とことん自分のブランドのファンとファン候補を理解して、その人たちが共感できる意味ある差異をつくり出すことが重要なのである。

ポイント4
中長期的に愛されるには、存在理由と変化への柔軟性が必要

さらに、本当に強いブランドになるために必要なのが、自分たちのコアとなる「存在理由」を持ちながら、変化への柔軟性も併せ持つことである。

ブランドを差別化して、存在意義を示すことはブランドのBeing（あり方、どうあるべきかという姿）であり、そのあり方は、時代が変わっても変化しないブランドのコアとなる思想、性格を表す。意味ある差異として消費者の頭の中に存在していなくても、ブランドとしてこれだけは譲れない、変わらないと決めていることを指す。そうした変わらない、変われないコアを持ちながら、ファンの気持ちや変化に合わせて変わってもよい部分に関しては変化する「柔軟性」を持つことが、ブランドをさらに強くする。

例えば嵐であれば、「オリジナルメンバーの5人であること」は、嵐のあり方（Being）として譲れない、変えられないものであった。そのため、1人抜けてもグループを存続させるという道は選ばなかったし、ブランドとしてその選択は難しかったのではないかと想像する。嵐のインタビューや映像などで、何度も「5人で嵐」という意味のキーワードを

聞いた読者の方も少なくないのではないだろうか。5人でいることが、嵐が嵐である存在意義のコアであったというのは、唯一無二の仲間に恵まれた最高の幸せでもあり、トップの人気がありながらも期限を決めずに活動を休止するという結果につながった理由の一部でもある。「5人で嵐」は、嵐のあり方の重要な部分であったのである。

存在意義に関わらない部分に関して、2020年は嵐の変化と進化への柔軟性を通常以上に見せられた1年だった。様々なことにチャレンジしていたが、特にデジタル化、音楽配信のスタート、SNSチャネルを使いこなしてコミュニケーションをとること、英語を中心とした楽曲に挑戦することなど、多くの変化と新しい嵐を見せてくれた。この点については、以降の章で詳細を説明させてもらう。それまでの19年間はこうしたデジタル活動をしてこなかったが、2020年は一気に解禁し、楽しそうに、新しくチャレンジしたSNSなどを使いこなして活動した。嵐にとって、進化のために柔軟になれる部分だったのだろう。

存在意義に関する強い思想を持つことと、進化するための柔軟性を持つこと、その両方が長期的にブランドの魅力を保つために重要であると著者は考える。

ブランディングとは何か？
嵐のブランド、嵐のブランディングとは？

ここまで「ブランドとは何か」を説明してきた。では、そのブランドを生み出していくブランディングとは何だろうか。ブランディングの具体的な実行の手法、考え方に関しては、嵐が行った実例を見ながら詳しく説明していきたい。

その前にまず、一般的なブランディングとブランド・エクイティ（ブランドの価値）の定義だけ簡単に説明しておきたい。ブランディング、ブランド・エクイティにも様々な理論があるが、その中で嵐のブランディングを理解するために、感覚的に理解して腹落ちしやすいと思われる考え方をここでは使用する。

ブランディングとはブランド愛や共感の創出

一番シンプルな定義は、ブランディングはブランドをつくるための取り組み、努力のことである。

少し説明を加えると「ファンの頭の中のブランドとそのブランドに対する愛情をつくる活動のことをブランディングと呼ぶ」と言えるだろう。理論的に説明すれば、「他社商品やサービスとの差別化を図ることや、消費者に対して好意的感情、期待感情を与えるための取り組み」となる。これに著者の解釈も加えてわかりやすくしてみると、次のようになると思う。ブランディングとは、「対象となる顧客に、自分のブランドが他の商品やサービスとどう違うかを理解してもらい、愛したくなるイメージや「好き」という感情を持ってもらうための取り組み（努力）」と言える。ブランドの説明部分で著者が使用した言葉を使うと「ファンに意味ある差異を理解してもらい、ファンの頭の中に熱い思い（ブランドへの愛、Brand Love）や共感を生み出していくこと」となるだろう。

そうした思いを生むためにも、ブランディングに重要なのは、1つ目に「心を動かすこと」、つまりワクワクさせる、共感するなどの感情を生み出すこと。2つ目に「ブランドとの感情的なつながりを強くすること」だと言える。また、商品・サービス提供側が良いと信じるものを、信じてくれる人（ファン）に届ける・売ることを目指すことも重要である。前述したように誰のためのブランドになるかということが重要なのである。信じてくれる人に届けるからこそ、信用や共感が生まれ、それが成長するとBrand Loveとも呼ばれる「愛」が生まれる。愛をつくるためにも、まず信用や共感を得ていくことが大切なのである。

企業も、目には見えないものだが、顧客の頭の中にあるブランドを創造し、育成することが企業価値を向上させると信じているはずだ。だからこそ、ブランドを向上させるために、リソース（お金、人、時間）を使うのである。

それではここから、嵐の実例を通して、彼らのブランドとブランディングの軌跡を見ていきたい。

グループとしての嵐は存在するが、嵐ブランドは存在しなかった

グループとしての「嵐」の始まり

嵐がグループとしてデビューしたのは１９９９年だ。その年の9月15日、米ハワイ州ホノルル沖のクルーズ客船にてデビュー記者会見が行われ、グループ結成およびCDデビューが発表された。その約2カ月後である11月3日、ポニーキャニオンから「A・RA・SHI」でCDデビューを果たした。この語り継がれているクルーズ船上でのデビュー会見中のメンバーのコメントが、ブランドという観点から見ると興味深い。嵐をつくったジャニー喜多

川さんの頭の中には嵐ブランドやその戦略は存在したのかもしれないが、当時の嵐のメンバーの頭の中には明確なイメージも嵐としての存在意義もなかったと推測される。デビューした後に、本人たちが様々なインタビューで、半分冗談のように語っている当時に関してのコメントを読んでみると、「たまたま嵐というグループ名でデビューしてしまった5人」という感覚が、嵐のスタートだったというような印象を受ける。

具体的にメンバーがデビュー当時を振り返って語るコメントを読んでみると、以下のような認識だったと見て取れる。

●アイドルを長期的な職業とする覚悟なし：当時、大野、櫻井、二宮の3人は、ジャニーズ事務所を辞めて違う道に進むことを考えており、3人ともジャニーさんにその意思を伝えていた。
●嵐は長く続くユニットだという認識なし：バレーボールワールドカップの公式サポーターのための臨時ユニットで、ずっと続くグループだという認識がなかった。
●「嵐」というグループ名にもこだわりなし：初めて嵐というグループ名を目にしたのは櫻井と二宮。ジャニーズ事務所を辞めようという思いをジャニーさんの自宅まで伝えに行った際、机の上に「嵐」と書いた紙を見つけ、これがグループ名だなんてありえないと思ったというエピソードがある。嵐というグループ名にも、漢字一文字にも、本人たちの思い入れもこだわりもなかった。

華々しいデビューを飾った、ホノルル沖のクルーザーで行われたインタビューを改めて見てみても、そのような認識が感じられる。ジャニーさんに指導されて、世界中に嵐を巻き起こしたいというような、割り当てられたフレーズを繰り返す相葉（実は、このセリフを最初に言い忘れ、マスコミの人から逆に「嵐を巻き起こすんですよね？」と質問もされていた）、ひどい船酔いなのを耐えながら返答している二宮、嵐での抱負を聞かれているのに学業との両立をとうとうと語る櫻井……。彼らの様子を見ても、どんなグループやブランドにしていきたいか、5人でずっと考え続け、満を持してデビューしたという意思は感じられない。最年長の大野は18歳、櫻井が17歳で続き、残りの相葉、二宮、松本潤は16歳と、大野以外は全員が高校生。それまでは、大野を除き、学業に支障のないレベルでジャニーズJr.として活動するなど、課外活動の延長のような気持ちでアイドルをしていたと思われる。ジャニーズJr.を自分たち中心にかじ取りする立場でもなかった。

そんな彼らの状況を一気に変えたのは、嵐のデビューシングルが売れたことである気がする。「A・RA・SHI」は97万枚を売り上げ、結果を出した。

ジャニーズのグループでは一般的に、大々的に力を入れて売り出すデビューCDの売り上げが、そのグループ歴代最多になることが多いようだ（ここでのグループはメンバー3人以上のユニットと定義することにする）。多くはデビュー時に売れたグループが、そのままCDを売り続け、人気のある状態が持続していくとみられる。

もちろん当時、ジャニーさんが何を考えていたのか、ジャニーズ事務所でどんな話がされたのかはわからない。ただ、デビューシングルCDで売り上げ97万枚という数字をたたき出すグループが現れれば、「続けて、頑張ってね！」と期待するのはビジネスをする立場として当然だと思う。ここから自分たちが最初に考えていた状況と違うと思う気持ちも含めて、嵐というグループとしての21年の旅が、フルスピードで、一気に始まったのだ。

〝ブランドを自分でつくれずスタート〟はよくあること

ここまではブランドを考えることなく活動が始まってしまったアイドルの例であるが、仕事をしていれば、嵐と同じような状況に遭遇することがあるのではないだろうか。例えば、会社や他部署の方針で決まった新商品。商品名も販売計画も決まっている「出来上がった商品」が、ある日いきなり自分の元にやってきて、そのブランディングを任されるといった状況に遭遇することは、マーケティングの仕事をしていれば起こり得ることかと思う。「この商品の市場導入を自分が担当すると思わなかった」と言っても、始まってしまった商品やサービスとの関わりは（ほとんどの場合は）簡単には止められない。

デビューしたら売れちゃいました、という状況で始まったような嵐は、「自分たちは何者か？」「嵐ブランドとは何か？」という、重要かつ答えが簡単に見つからない問いに、デビューしてから向き合う必要に迫られたのだと思う。嵐が「嵐」というグループをどのようにブランド化していったかという軌跡やそこに付随する悩みは、既にある商品をどうブランディングしていくかという点において、読者の皆さんの参考になるのではないかと考えている。なぜ嵐が売れたのか、嵐ブランドの強さはどこにあるのか、また、どう嵐ブランドをファンの頭の中に確立していったのかを一緒に見ていきたいと思う。

ブランドについて前述した際に、重要なポイントを4つ挙げたが、その中で嵐ブランドにとっては、「意味ある差異」という3つ目のポイントが大きかったと考える。ここで、嵐ブランドにとっての意味ある差異について少し考察してみたい。

嵐はユニークな、差異を持ったグループとして生まれた

既に、ファンの頭の中に共感できる「意味ある差異」があることが重要という説明をした。そしてデビュー時の嵐が、自分たちの差別化ポイントや価値を理解してデビューに向かったのではなかったと思うという話もした。メンバーが「ブランドの一部」として自覚していたわけではなかっただろうが、嵐にはファンが共感し、他のアイドルグループとは違う、いくつかの「差異」があった。その差異をファンが心の中で感じていたからこそ、デビューシングルCDは97万枚購入されたのかもしれない。

ここからは、嵐ブランドのベースにされた、ファンが感じていただろう「意味ある差異」を推測していきたい。その後に、嵐がその差異をどう理解して、ファンへのコミュニケーションのために言語化し、ブランディングに生かしていったのかを見ていきたい。

差異1
〝縦でなく横〟のファンとの関係

嵐の登場を境に、アイドルグループとファンの関係性の位置づけが変わったと著者は考

えている。

嵐が登場する前までは、一般的にアイドルはキラキラした、憧れる存在であることが多かった。アイドルとファンは縦の関係であり、ファンが下から見上げるような関係であったように思われる。しかし、嵐や2004年にデビューした関ジャニ∞は、「ファンと対等な、横の関係」を築いたジャニーズのグループとして、初めて広く認識されていたと思う。なぜ、嵐はデビュー当時からファンに対等な存在として見られていたのか。

対等な関係には、ジャニーズJr.全体が人気を博した「Jr.黄金期」に生まれた、「8時だJ」というテレビ番組の存在の影響が大きかったと思われる。8時だJとは、ジャニーズJr.がメインのバラエティー番組としては初めて、全国放送のゴールデン枠（テレビ朝日制作、毎週水曜20時〜）に進出した番組だった。1998年4月から、嵐が1999年11月にCDデビューする直前の9月22日まで、約17カ月間放送されていた。MCはヒロミとタッキーこと滝沢秀明。後に嵐になった、櫻井、相葉、二宮、松本や、後に関ジャニ∞になったメンバー、山下智久、生田斗真、風間俊介など、その後のジャニーズで活躍するアイドルがこの約1年半の間に出演し、視聴者の注目を集めた。嵐のハワイでのデビュー会見は、8時だJが終了する1週間前の9月15日に行われたこともあり、最初にこのデビューのニュースに沸いたのは8時だJの視聴者やファンで、嵐の初期のCD購入者は主にこのファンだったと推測できる。

8時だJは、ジャニーズJr.が様々なチャレンジをしたり、テーマに関して討議をしたりするバラエティー番組である。内容はコント、ゲーム、アクロバットや器械体操と多岐にわたるが、友達同士で遊んでいる感が満載。ヒロミや嵐が後のインタビューなどでコメントしているように、学校の放課後にみんなで集まって遊んでいるような雰囲気の番組だった。MCを担当していたヒロミが、他のテレビ番組で「聞いていない奴とか、寝ている奴とかが多い」ということを冗談で言っていたように、プロ意識や競争意識が強すぎず、まったり笑って見られる平和な番組だった。

出演者一人ひとりのキャラクターや駄目なところにヒロミが上手に突っ込み、笑いに変える。視聴者は、メンバーのちょっと残念なところをかわいいと思って笑い、ファン同士で「ニノが」「斗真が」とクラスメートのように名前を呼んで、自分たちの会話の中で自然に話す。ファンは、番組を通じてジャニーズJr.たちを同級生のように感じて視聴し、自分の友達との話題にするうちに、彼らをキラキラのアイドルとして憧れて見上げるような縦の関係とは捉えず、「うちのクラスの××くん」のように、全く自分と対等、「横に並んだ関係」で応援するようになる。

嵐は、そんな8時だJの人気出演者だった4人（櫻井、相葉、二宮、松本）に、歌と踊りの才能が際立っていた大野を加えて生まれたグループだった。嵐ブランドとそのイメージは、ジャニーズJr.時代からのファンの中では自分たちと対等な、横に並ぶグループだったのであろう。こうして、「自分たちの横に並ぶ身近な存在」というファンにとって意味のある差異が、嵐ブランドの一部になっていったのだと著者は考える。

詳しくは後述するが、SNS全盛の現在、このように「横の関係を持つブランド」は、拡散性があり、広くブランドのファンを増やしていきやすいといわれ、横の関係をつくることを推奨するマーケティング論も多い。嵐が確立したこの横並びの関係は、今から振り返れば、実は時代の先端だったのである。

差異2

同級生のような、わちゃわちゃした〝仲の良さ〟

同じ年代のメンバーが集まる8時だJでは、参加メンバー同士の「同級生の仲間感」が前面に出てくる。男の子たちの仲良しぶりや、くだらない小競り合いを見て、「しょうがないなあ」「馬鹿だなあ」「かわいいなあ」と思う。ファンが「わちゃわちゃ」と表現するが、これが横並び、同級生感覚の仲良し感である。

嵐は一番年上の大野と一番年下の松本との年齢差が2歳。ほぼ同級生感覚でいられる、見ていられる年の差で、それに加えて8時だJのイメージも加わり、最初から「わちゃわちゃしていて、仲良しでいいなあ」という感覚が、ファンの心の中に自然に生まれたのだと思う。そして、こうした仲良し感がアイドルグループの強みや価値になることを示したグループは、少なくともジャニーズでは嵐が最初であったと思う。

嵐の前のデビュー組は、メンバー内に年齢差があるグループが多い。もちろん、各グループなりの雰囲気や強い関係性がつくられているが、デビュー当初から同級生同士のようなわちゃわちゃ感を出すのは難しい。同年代であることも手助けし、「仲良しグループ」のイメージをデビュー当時から自然につくり、ファンの前に立つことができた。ファンが強く共感できる、このわちゃわちゃした仲良し感と対等な人間関係（年齢的に）を嵐は実際に持っていたし、2020年の活動休止まで、全くほころびを見せることなく、その仲良しイメージを保ち続けた。「僕たち仲がいい」と自分たちで言葉にしなくても、嵐の仲の良さはファンの頭の中に初期から存在し、嵐のブランドイメージの重要な部分となった。

差異3
私の人生を応援し続けてくれる

嵐のイメージ、他のグループとの差異をもう1つ挙げるとすると、一貫した「私をずっと応援してくれるグループ」だということである。差異1と組み合わせると、「私の横で、私をずっと応援して励ましてくれるグループ」というイメージになる。

嵐は、バレーボールワールドカップの公式サポーターとしてデビューしたグループで、デビュー曲の「A・RA・SHI」は、夢を持とう、勇気を出して前に進もうというメッセージを持つ応援ソングである。通常、こうした応援ソングを出したグループは、その後に様々なジャンルの曲を出していく。

著者は2007年ごろから嵐のライブに行き続けているが、ライブに行き始めた頃、ファンが泣きながら嵐の歌を一緒に歌って、元気をもらっていることに驚いた。スクリーンにはファンが一緒に歌えるように歌詞がすべて出てくる。ライブ中にその歌詞を見ながら感心したのが、ほとんどのシングル曲が頑張れと背中を押してくれる応援ソングだったことである。

これは単なる私の印象かと疑問を持ち、1999年11月のデビュー曲からメンバーが嵐のあり方に悩んでいた2003年の終わりのシングル曲まで、11曲の歌詞を詳細に見て、検証してみた。11曲のうち、少なくとも9曲は応援ソングである。「時代」は恋愛がテーマの曲であり、「a Day in Our Life」もよく読むと恋愛ソングだが、応援的な言葉も多く、両方のテーマが入った曲だと著者は感じる。

横で応援してくれる、支えてくれる嵐というイメージは、ファンの頭の中で曲を通じて強められ、ライブで歌詞を見ながら一緒に歌い、さらに強化されるのである。

〝嵐が「嵐」についてとことん考える〟
嵐からブランドに向かう姿勢を学ぶ

2002、2003年ごろ、嵐は自分たちのあり方に悩み、メンバー間で真剣に話し合いを続けたという。2000年代前半や結成15周年記念時のインタビューなどで、本人たちがしばしば語っているが、メンバー間でこんなにグループのことを話し合ったのは、それが最初で最後であったということだ。

嵐はどんな危機感を持っていたのか。なぜグループについて話し合うことが必要だったのか。

櫻井や松本がともに、嵐というグループが10年以上続くと思っていなかったように、当時行っていた活動の延長線上に自分たちの未来が見えなかったのだと推測される。今、自分たちが嵐ではあるが、嵐とはどういうブランドか、嵐とは何かということに5人の共通認識がない。つまり5人の頭の中にさえ、一つの嵐ブランドのイメージがないことが、嵐の持っていた危機感であったのだと思う。

その頃、毎日朝5時まで嵐のこれからを話し合っていたという。この5人で話し合っていたのは、嵐がどうあるべきかということだったのだが、それはつまり「嵐ブランド」を定義するという、ブランディング活動そのものであったのである。

例えば櫻井と松本は、その話し合いのタイミングまでに構築されていた生活や仕事を全部リセットして、〝新しい嵐〟を始めようと他の3人に提案したという。当時の嵐ブランドから新しいブランドに生まれ変わる、「リブランド」をするという提案である。

このリブランドをするかしないかという結論は、意外なメンバーからの反対意見で決まったらしい。大野が強く反対したことを、二宮と松本が印象深かったシーンとして覚えていたようだ。そのときまで、ほとんどのことに反対意見を持たなかった大野が、リセットするのは嫌だとすごく強く主張したという。目の前にあることを頑張らないと何も頑張れないというのが、大野の気持ちだったようだ。その後も引き続き、嵐ブランドをどうしていくのかを5人で納得するまで話し合ったのである。

ブランドをつくり育てるために、このエピソードから学べる重要なことが幾つかある。

ブランドを守る、育てるためのキモは何か？

メンバー5人が嵐ブランドをどうつくり、どう管理していったか。そのブランドに対しての姿勢、決め方、維持の仕方は、正しかったと強く感じる。それが嵐のファンを堅実に増やしていったのだと思う。嵐のやり方のどこが、何が正しかったのか。嵐が語っていること、実際に行ったことを観察してみると、マーケティング的に見て3つの正しいやり方をしていたと言える。この3つは、実は嵐のブランドを守るだけでなく、読者の皆さんの関わっている会社、商品、サービスなどのブランドを守り、育てることへの示唆につながる行動規範だと感じている。

①ブランドは自分のものだという当事者意識を持つ

担当する現場が、ブランドを「我が事」として、深く時間をかけて考えることが重要

これは、ブランドのマネジメントは誰がやるべきか、という問いへの答えにもなる。ブランドを実際につくり、運営する現場の人がやるべきだと、嵐の事例は教えてくれる。

米国の消費者向け商品やサービスを提供する会社では、商品開発を含め、ブランド全体を見る事業部のことを一般的にブランドマネジメントと呼ぶ。彼らは収益性を含めて、ブランドや商品全体に対する責任を負い、決定をする。これは、会社によってはプロダクトマネジメントと呼ばれることもある。

嵐というグループ名はジャニーさんが決めたが、嵐がいったいどんなブランドであるかというのは、たとえ嵐以外の人に決められたとしても、メンバーの中に納得感とブランドへの理解がない限り、現場での様々な場面でほころびが出るだろう。

英語だとブランドホルダーとかブランドオーナーシップと言うが、ジャニーズに属しているとはいえ、嵐ブランドは嵐5人のものであり、嵐の現場に立つ5人がつくり上げるものなのである。嵐のメンバーたちはそれを実感して、自分の課題として「嵐」がどうあるべきかについて話し合った。そのうえで、ブランドをメンバー5人で一緒につくっていく活動を始めた。強い当事者意識をメンバーが持ったことが、嵐ブランド成功の理由の一つであると思う。

現場でマーケティングをする方々にとっては、担当ブランドのオーナーであるような意識で、そのブランドをどうしていくかをとことん考えていく。それがブランドを強固にするために必要なのだと感じる。

②ブランドへの共通認識を持つ
ブランドに関わる現場の人たちが話し合い、頭の中に共通認識を持つ

朝の5時まで連日話し合ったことを通じて、嵐は何を得たのか。広告代理店の方々がフレームワークを用いて美しくつくってくれるような「ブランドステートメント」とか「コアバリュー」などのブランド戦略を決めたとは思わない。単に、5人で延々と、嵐についてとことん話し合ったはずだ。誰か1人か2人の意見で嵐ブランドを決めるのではなく、時間がかかっても全員で話し合いを続けるという方法をとったのである。

ブランドを〝触る〟、すなわちブランドに関わって、開発、マーケティング、コミュニケーション、デジタル施策などを行う現場の人たちが、同じ共通認識を持つことが重要なのである。

著者は米国のクラフト・ハインツ本社で、人気のゼリー菓子「Jell－O（ジェロ）」ブランドの冷蔵製品の商品開発とマーケティングを担当していたことがある。まだ、ブランドマーケティングに関わって3年目くらいのジュニアの立場で、プロモーション、新商品や新フレーバーの市場導入、パッケージのデザイン変更などの現場仕事を日々忙しくこなしていた。そんな現場の仕事が忙しいときに、100周年を迎えるJell－Oのブランド戦略のプロジェクトに入るように呼ばれた。

ブランドミッション、ブランドの意味、ブランドをどう維持していくかといったブランド戦略を、6カ月かけて話し合って決めていくという重要な中期プロジェクトである。Jell－Oは、当時の売り上げで1兆5000万円を超える、クラフト・ハインツにとって重要なブランドであった。ブランドに関わる役員レベルを含め、ディレクター、カテゴリーリーダー、ブランドマネジャー、広告代理店といった意思決定をする人たちに、入社2～4年目の私たちも交じってブランドに関してとことん考える時間を持つことになった。実務が忙しい時期でもあったので、ブランドという上位概念を検討するプロジェクトに現場の自分たちが入って時間を使う価値があるのか、と同期のマーケティング担当者たちと共に上長に相談にいった記憶がある。

そのとき、自分を含めた若手メンバーは懇々と考えの足りなさを諭された。ブランドはマーケティング実務の細部に宿るという説明だ。「マーケティングを現場で実行するあなたたちが、共通のブランドの意識を持つことが重要なのです。パッケージのデザインを直す、販促の文言やビジュアルを考える、Jell－Oのプリンの商品写真を撮る、その仕事のアウトプットのすべてが、消費者にブランドを伝えるのです。実務に関わる人たちこそ、ブランドについて深く考え、理解しようと努力する必要がある」という、今考えると非常に理にかなった説明をされた。

ブランド戦略と真剣に向き合った6カ月間、シニアマネジメントを含めてJell－Oブランドに関わるメンバーや、パートナーである広告代理店チームと話し合ったことは、私のブランド理解のベースになった。また、自分のブランドについて自分自身で考え抜いて、マーケティング活動を考える、実行するという、当たり前だが重要な行動規範を身につけることができた。

嵐がグループのあり方について、メンバー5人で何度も朝の5時まで話し合ったということ、自分たちのブランドに真摯に向かう姿勢を以後も持ち続けたことが、嵐のブランドを強固にしたと著者は考える。そして、どんなやり方であってもいいので、同じブランド、商品、サービスに関わるメンバー間で、そのブランドについて話し合うことは、大変重要であると思う。必要なのは、ブランドを深く考えることを「関係メンバーと一緒に実行してみる」という気持ちと行動だけである。

③オフ・エクイティを決断する人と決断の仕方を決める
これは嵐ブランドであるか嵐ブランドでないかは、嵐の5人で決める

戦略やプロジェクトを考えるとき、ブランド価値（エクイティ）の向上につながるか、価値に傷をつけるオフ・エクイティかを決めていく必要がある。米国のマーケティングの現場では、「This is ××（ブランド名）」「This is NOT ××（同）」という言葉を用いて話し合いをする。嵐が最後のアルバムとライブを「This is 嵐」と名付けたのは、自分たちがそうした話し合いをして、ブランドを守ってきた誇りを表しているのではないかと著者は推測した。そして重要になるのは、この「ブランドかブランドではないか」を誰が決めるか、という明確な取り決めをすることである。

すべてのことを5人で決めているわけではないだろうが、嵐ブランドにとって重要な決断をするときに「5人で話し合って決める」というのが嵐のルールのようだ。全員が納得

するまで話し合い、誰か1人がどうしても嫌だと言うような場合は、実行しないということをインタビューで読んだことがある。「ブランドか、ブランドでないか」を、5人が共通する意識を持ってファンの前に立つ。嵐のブランドは5人のものであり、変化もブランドにまつわる決断も5人で納得して進めていくという明確なルールがあり、決断のプロセスを持つ。

これが発揮されたと思う例が、活動休止前の最終日、2020年12月31日の過ごし方である。例えば国民的番組とされているNHK紅白歌合戦の司会をする、特別番組に出演するなど、多くの視聴者に華々しいインパクトを与えたり、映像として繰り返し使われるような選択肢も数多く提示されていたであろう。

それでも嵐の5人は、ファンと共に過ごす時間を優先することが「嵐である」と判断した。コロナ禍、ファンと共に意味ある時間を過ごすために、過去に経験のない無観客ライブ配信にチャレンジし、最後の瞬間までファンに楽しい時間を過ごしてもらうことこそが、「嵐らしい」ことだった。

大みそかの通信環境も含め、不安材料はたくさんあり、活動休止に入るのでやり直しも

図1／「嵐らしくないこと」は、オフ・エクイティと判断され、嵐ブランドとして実行されない

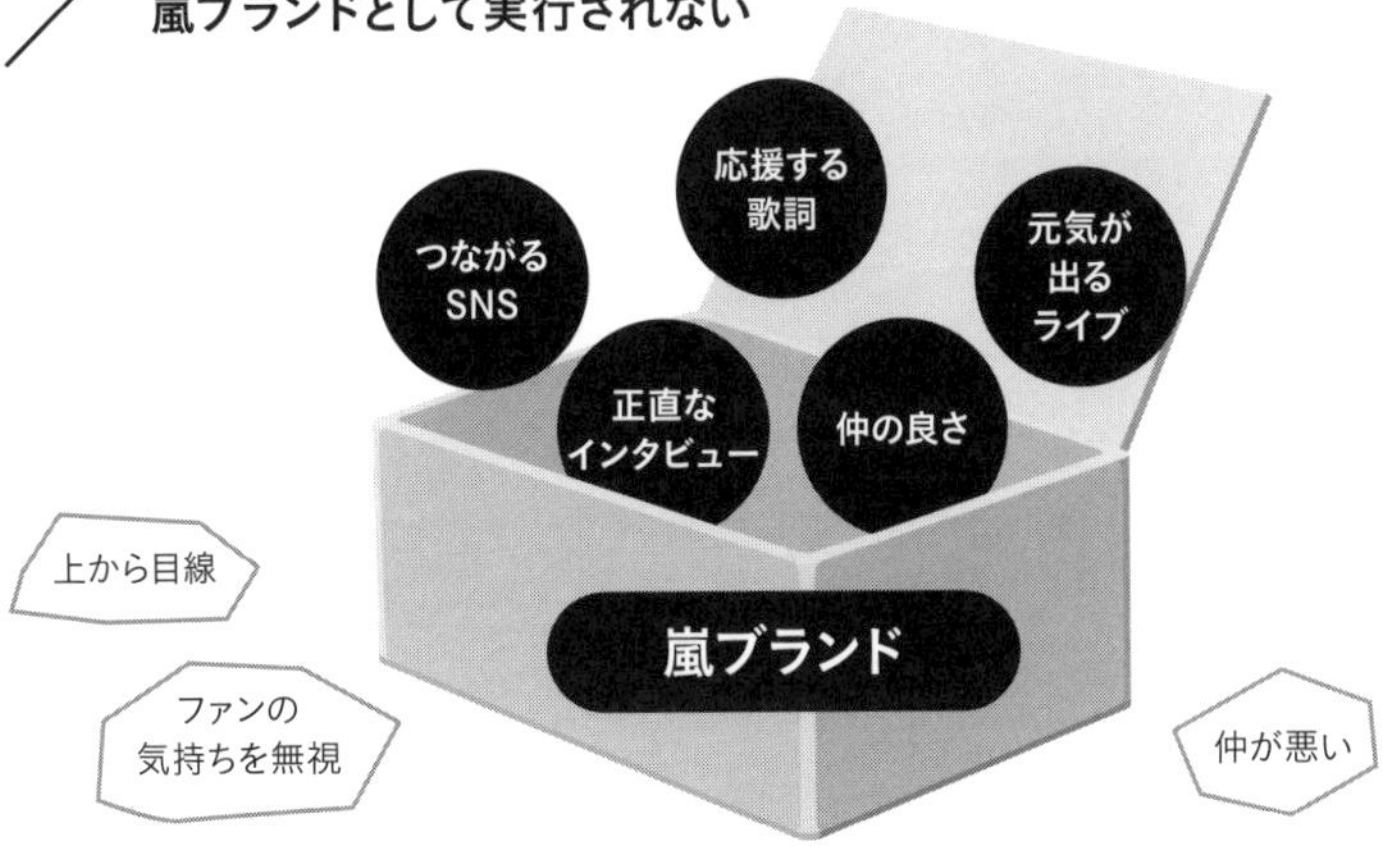

きかない。それでも、大事な日に一発勝負のリスクを追う決断ができたのは、これまでも5人で話し合って決断を下し、「何が嵐で、何が嵐でないのか」という共通の認識を持って、全力で実行してきた歴史があるからだと思う。こうした決断のプロセスとその決断者が明確であったことが、嵐のブランドイメージが、どんな活動でも統一されていた理由だと思う。

「これは嵐か」「これは嵐ではないか」という決断と同じように、「これはブランドか」「これはオフ・エクイティか」の決断をしなければならない局面というのは、ビジネスのかじ取りをし、マーケティングを実行していくうえで必ず訪れる。そのときに、誰がどんなプロセスで、ブランドの価値や目的と合っていると判断するのか。そのプロセスと決裁責任

を決めることが、ブランド価値を高めていくうえで重要なことだと、嵐を見ていて改めて感じた。

"嵐ブランド"の定義

嵐メンバー全員で決めた嵐ブランドとは何か？

2002、2003年、嵐メンバーが「嵐ブランド」のベースを決めた。そのときに、いったい嵐は自分たちのブランドをどう定義したのか。あの朝まで何度も続けられたという話し合いの中で、何が共通認識として彼らの中に残ったのか。

嵐が、マーケティングで使われる、ブランドステートメント（嵐ブランドとは××です）のようなものを発表したわけではなく、また彼らがどんな形でこのディープで連続的な話し合いを終えたのかも、著者が知るよしはない。しかし、その後に続けられた彼らの活動やファンに対してのコミュニケーションを通して、一ファンである私の頭や心の中につくられたイメージを基に、私の視点で嵐ブランドを想像し、分析してみたい。あくまで一ファンであり、一マーケターである著者の意見であるとご理解のうえ、ここからは読んでいただきたい。

嵐は誰のために存在するか？
誰の頭の中にブランドをつくろうとしたか？

２００２、２００３年の話し合い後の活動を見ていて、嵐は「嵐ファン」のために存在するブランドであることを選んだと理解している。

メインターゲットとする「ファン」を彼らはおそらく狭義に定義したのだと思う。このファンとは、「ファンクラブに入り」「嵐に会いに行きたいと思ってくれる」人たちのことである。つまり、熱量の大きい、嵐を理解しようとしてくれる、「愛情量の多いファンたち」と一緒に嵐ブランドをつくっていこうと決断したのだろう。そして、自分たちはそうしたファンのために存在することを丁寧に、頻繁に、継続的に伝え続けると決めたのだと思う。

この後のマーケティングの章で、嵐が実行したコミュニケーションの手法をより詳しく説明するが、この〝誰に〟を決してぶらさず、その対象者に向かって伝え続けることが、ブランドをつくるうえで非常に重要になる。たまにテレビで嵐を見るような視聴者たちも大切ではあるが、その人たちの頭の中の嵐が自分たちの思っているものと少し違っても致し方ない。まずファンに向かって語ろう、嵐ブランドをファンと共有しようと決めたのだと思う。

嵐人気が高まっていっても、ファンと会う場所や生で共に過ごす時間にこだわったのは、誰がファンなのかを嵐が決めたからだと思う。忙しい中、アルバムを主体としたオリジナルツアーを年1回行うのに加え、嵐のお祭り（国立競技場でのアラフェス、ハワイでのライブなど）、学びのチャリティーイベントであるワクワク学校など、ファンと直接同じ会場で「出会う」「一緒に時間を過ごす」ことにこだわった。

「嵐はファンのために存在する」ということを、言葉だけでなく、21年間、実際の行動で示したのである。

嵐とは何か

ファンの頭の中の嵐ブランドをどう定義したのか？

メンバーは、ファンにどんな嵐だと思ってほしいと定義したのか。英語ではブランドプロミスともいわれるが、メンバーはファンに、「こんな嵐でいる」と約束することを決めたかと思う。そして、嵐のファンとの約束、「ブランドプロミス」は次の4つではないのだと推測する。

ブランドプロミス1：嵐は、5人とファンでつくり上げる

「5人で嵐」と「6人目の嵐」

嵐は「5人で嵐」と継続的にファンに伝えている。5人であることに存在意義があり、この5人でなければ嵐ではないということを言い続けている。

そして、ファンのことを「6人目の嵐」「6人目のメンバー」「私たち」などの呼びかけで、嵐ブランドを一緒につくるメンバーであると伝える。6人目の嵐には、嵐を支えてくれるスタッフたちも含まれる。

時間をかけて確立されていった意識だとは思うが、ファンの頭の中の嵐には、それを支える、一緒にブランドをつくる「私」や「私たち（ファン仲間）」が入っているのである。自分がブランドの一部である、当事者であると自覚したとき、ブランドに対してのロイヤルティーや愛情は大きくなる。一般的に、ブランドやマーケティングにとって重要なのは、

いかにファンの愛情（ロイヤルティー）を高め、持続するかである。ファンが自分たちはブランドの一部であると心で感じたとき、最強のブランドロイヤルティーを生むのだと、嵐のファンを見ていて感じる。

この「5人で嵐」＋「6人目の嵐」を定義し、ファンの頭の中に描き続けたことが嵐ブランドの成功の大きな一因であると著者は感じている。

ブランドプロミス2：嵐は、縦でなく横でつながる

5人は対等、6人目も横の関係

アイドルとして、縦ではなく横でつながっている嵐の差異については既に話した。5人で嵐だということが重要であると同時に、その5人が対等であり、お互いが尊敬し合う関係性であることも嵐ブランドの重要なポイントとなる。最新のマーケティング理論を読んでも、この横の関係をつくることが、マーケティングの成功に大きく寄与するという説が多い。

嵐は、5人の関係が対等であり、力関係が均等であるということを、意識的にファンに

図2　嵐ブランドは、メンバー5人と「6人目の嵐」が支える

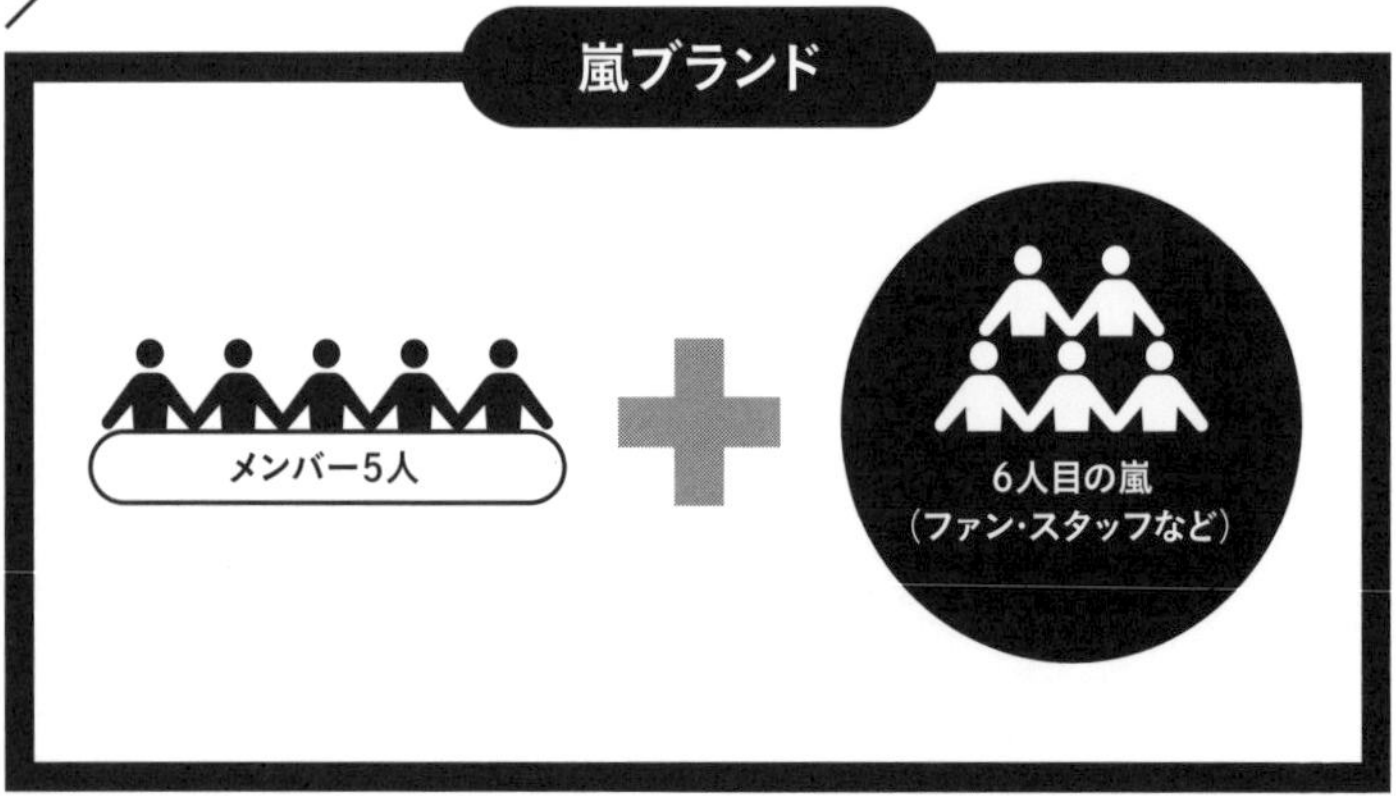

見せ、伝えている。誰か力の強いセンターが引っ張っていくわけではなく、リーダーの大野一人に責任を負わせることもなく、嵐という船を５人でこいでいることを見せ続ける。

もちろん、得意な部分を見て、役割を分けることも実施する。例えば、ライブツアーの構成、演出は松本が担当、グッズの企画は相葉、振付け、デザイン画や習字などのアート関連は大野、ラップは櫻井、ＭＣと作詞は櫻井と二宮が中心など、ファンにも説明しながら、役割分けをする。ＭＣや話のまとまりがつかず終わりがちな相葉や大野のフォローを櫻井か二宮が行うということも含めて、役割分担を上手にしながら、５人が助け合う場面も隠さずに見せる。

メンバーが対等であるように、嵐を応援するファンも対等であるという嵐の考え方をファンに伝え続けている。メンバーとファンも上下の関係ではなく、横の関係で一緒に嵐ブランドをつくっているということを伝える。

こうしたコミュニケーションがファンの頭の中に定着し、Twitterなどでのファンのコメントで、嵐と自分たちの対等な関係が、自然に語られるようになっていった。

「嵐もファンも横の関係」で、「ファンは嵐の一部でブランドのつくり手」だと、ファン自身が信じられることが、長期的に愛される嵐ブランドを支えたと著者は強く感じている。

ブランドプロミス3：嵐は、ファンの日々に寄り添い、応援する

日々の生活を支え、一歩踏み出す背中を押す、伴走してくれる存在。替えの利かないライフスタイルブランドに

嵐の差異について、「私の人生を応援してくれる」と思わせる、応援ソングが多いことも既に書いた。2002、2003年に話し合いをしたとき、このまま「応援、伴走する嵐でいいのか」という話もされたのではないかと思う。結論として、目の前の仕事、求めら

れていることをやっていくと決めた嵐は、ファンの人生に寄り添い、応援し続けることを選んだのだろう。

その後も当たり前の日常や夢を追うことを応援する歌を出し続けている。２０２０年のシングル「カイト」も、コロナ禍で大変な日々を過ごす支えになろうとしているし、夏の甲子園・全国高等学校野球選手権大会の応援歌「夏疾風」も頑張る高校球児を励ます。

では、この日々の応援をする存在としてのブランド価値の何が強いのか。皆さん、「ライフスタイルブランドになるべきだ」という討議を、会社などでしたことはないだろうか。ライフスタイルブランドには様々な定義があるが、総括すると「価値観に共感する人に、商品やサービスと過ごす〝時間〟や〝体験〟を提供し、コミュニティーの一部になりたいと思ってもらう」ブランドのことである。嵐の場合は、ファンの日々の生活を応援し、楽しい時間や体験を提供し続ける、ライフスタイルブランドとなる。自分の日常の支えになるブランドは、ファンにとって必要不可欠となるわけで、他のブランドに置き換えられたり、ブランドへの愛情を一気に失ったりするリスクを軽減でき、強いポジションを保つことができる。

嵐のファンが、嵐に関する活動のことを「アラシゴト」と呼んでいるのをよく見かける。嵐の番組をチェックする、番組を録画予約する、CDやDVDの発売日を調べる、特典がついた初回版の予約をする、初回版を取りに行く、友達とカラオケボックスでDVDを一緒に観る「嵐会」をする、ライブの日程をチェックする、申し込む日程を嵐ファンの友達と相談する……。一連の嵐に関する活動を日々の生活の中に取り込み、それを「アラシゴト」として生活の励みやアクセントにして、日常生活を過ごしていく。嵐の励ましをもらいながら過ごす時間や体験が、日常生活の一部になっているのである。

そして著者はライブに参加したとき、嵐の歌を一緒に歌いながら励まされて涙しているファンたちのことを「応援ブランド嵐、恐るべし」と思いつつ見ている。こうした日常の時間と体験の一部、替えの利かないライフスタイルブランドと認識されることに、嵐の「ファンの応援隊」としてのイメージが後押ししていると感じている。

ブランドプロミス４：嵐は、進化し続けるために新しいことに挑戦する

新しい景色をファンに見せるために最大限の努力をするグループ

初期から、嵐は新しいやり方、手法を試して変化を起こすグループとして活動してきた。

例えばデビュー曲は、ジャニーズの曲としては当時珍しかった、ラップを多く取り入れている画期的な曲である。櫻井のラップが印象的だ。

また、海外のライブのようにファンとの交流をしたいと、コール・アンド・レスポンスと呼ばれるアーティストとファンがやりとりをする場面を取り入れていった。慣れていないファンが反応できないといったことも初期には起こっていたが、現在では嵐のライブの定番的なやりとりであり、参加している感満載でライブを見られる理由でもある。

ほぼ毎年出されるオリジナルアルバムとそれをテーマにしたツアーは、嵐ファンが、何か昨年とは違う「新しい嵐」を見せてもらえる場であった。踊り、雰囲気、舞台装置、火や水を使った驚かせ方、ファン参加型の取り組み、メンバー個人の努力が見えるソロなど、常に前年とは違う何か新しい景色と自分たちをファンに見せてくれるのだった。

例えば、嵐が歌い踊りながらステージごとファンの間を動く、ムービングステージも2007年の「SUMMER TOUR 2007 Time —コトバノチカラ—」というアリーナツアーから導入した。私が初めて参加したライブであったため、この踊りながらステージごと移動してくる嵐には度肝を抜かれたのを覚えている。プロジェクションマッピングやウオータースクリーンといった最先端の映像技術も、チームラボという会社がまだ一般的に認知される前に嵐のライブで出合い、驚きをもらった。

ファンと一緒によりすてきな景色を見たい、見せてあげたい、僕らについてきてほしいというメッセージとともに見せられる変化や新しい姿をファンは受け入れ、応援し続けた。新しいことに挑戦する嵐をブランドの一部にしたことによって、嵐はファンを巻き込みながら変化する自由を手にした。この後の章で嵐のグローバル化やデジタル化の話をするが、ファンがこうした、よりすてきな景色をつくるために変化する嵐をブランドとして受け入れている時点で、失敗を恐れずに大胆な変革ができたのである。

以上、私が嵐と嵐ファンと、その関係性を見てきたうえで考える嵐ブランドを書き出してみた。著者は、嵐でもジャニーズ関係者でもないので、本人たちが意識的につくったブランドかどうかは確証が得られない。ただ、２００７年以降、ライブ会場やＳＮＳの投稿などを多数見ながら感じ、マーケターとして考えてきたので、ファンの頭の中にある嵐というブランドと嵐との関係性に関しての認識は、かなり正しいのではないかと思っている。

嵐ブランドの話は、アイドルとファンの話だけではなく、強いブランドをつくり上げていった参考にすべき成功事例だと感じている。そして最新のブランド理論を読むと、嵐がファンに向き合い、行っていたブランディングは、時代が変わり、SNSなどでつながるようになった現代にこそ通用する、非常に新しいアプローチであったことがわかる。悩みながら、考えながらファンと共につくってきた嵐ブランドは、時代の先を行っているブランドだったのだと思う。そうした強いブランドのつくり方をしたことが、嵐が10年以上トップアイドルブランドとしてファンと共に走ることができた理由であろう。

顧客との関係を深めたい、ロイヤルティーを高めたい、ライフスタイルブランドになりたいなどのマーケティングの目的を持っている読者の皆さんには、嵐がファンと共につくってきた嵐ブランドから学べることが多いのではないかと思う。改めて、自分のブランドを誰に向けて、どういう関係をつくっていきたいのか考えるきっかけになるとうれしい。

第2章

マーケティングを「嵐」に学ぶ

嵐はマーケティング理論の最適な事例

マーケティング理論を学ぶ理由と、その活用の仕方

第1章で解説したブランディングは、マーケティングと密接な関係がある。価値の高いブランドをつくり、守るためには、ブランディングとマーケティングの両方を重視した活動が必要である。

正直な意見を言えば、マーケターと呼ばれる人たちが、常にマーケティング理論をベースに実務や企画を考えているわけではないのでは、と思う。また、実際のプロジェクトに忙しく、最先端のマーケティング理論を学ぶのがおろそかになることもあり得ると思っている（少なくとも自分はそういう場面があったと思う）。そんな自戒の念もあり、本書を執筆するうえで最新のマーケティングの理論を知るために、ここ数年に発行されたマーケティングやデジタルマーケティングの書籍を一気に読んだ。

著者が新しいマーケティング理論を学んだ目的は、嵐のマーケティングがどれだけ最新理論に合った事例かを知りたかったからである。本書を執筆することが、マーケティング理論は何のために必要で、何に役立つのか——ということを改めて考える機会になった。自然科学や物理のように理論が多くの正解を導く分野と異なり、マーケティングでは理論が万能であるわけではない。コトラー氏の理論通りに消費者調査を実施し、商品開発を行い、テレビCMを制作して販促活動をしてみても、その商品が期待通りの売り上げになるとは限らないのは、ご理解いただけると思う。書籍『コトラーのマーケティング4・0 スマートフォン時代の究極法則』を購入して読んだ方たちすべてのプロジェクトが大成功する、といったことにはならないのである。

これらのマーケティング理論は、既に起こった、もしくは起こっている事象を研究し、その理由や要因を探り、成功のエッセンスを「フレームワーク（枠組み）」として提示してくれる。これはマーケティングの研究家ではなく、現場で実践してきた立場の私の視点であるが、マーケティング理論は、あくまでマーケティングの成功要因を分析するとき、考え方や考える視点として活用するべきだと思っている。〝本質的に再現する〟ために使われるとき、その価値を発揮すると感じている。過去もしくは現在成功している実際のプロジェクトや事象（消費者が興味を持つ、購買する）を読み解き、その成功の理由や要因を、理論のフレームワークを活用して深く理解する。

米クラフト・ハインツでブランドマーケティングの仕事をしていたとき、1年に1度、マーケティングプランを始める前に"Lessons Learned"という分析期間を持つ経験をした。その前の1年間に実施したマーケティングに関連するすべてのプロジェクトの成功や失敗から、「自分たちは何を学んだか」を分析し、グループ全体に発表するのである。そして、そのLessons Learnedからの学びを活用して、次の年の企画をより成功の可能性が高いものに練り上げる。前年度のプロジェクトを分析する際、マーケティング理論やデータ分析モデル、共通した分析手法などを使う。うまくいったこと、うまくいかなかったことを、同じフレームワークや手法を使って分析し、「成功」への要因理解を共通にするのである。翌年度のプロジェクトやプロモーションをなぜ実施したいか、どう実施したらより良い結果が出るかという計画の説明は、このLessons Learnedをベースにつくられる。マネジメントの判断基準も、過去事例の共通の理解をベースにつくられ、次の年の予算が判断されていく。

Lessons Learnedを実行するときに重要になるのが、各プロジェクトの目的が何だったのか、その目的を達成できたかどうかを理解するための分析方法や指標が何か、を決めることである。消費者の認知度やブランドに対する好感度を上げることが重要な目的ならば、ブランド好感度調査も結果分析の指標に入れる。そして、消費者の反応に関しても、プロジェクト実施前に「商品Aに対しての好感度のスコアを××にする」といった数値的な目標を定め、その目標に対する達成度を実測できるよう準備して始める。

整理すると、マーケティング理論を活用して、成功の再現性を高める次の3つのことをしているのである。

1. 成功や失敗をプロジェクトの目的に合わせた手法で分析し、理解を深める
2. その理解をチームや決裁者に説明して、共通の理解を持つ
3. これら2つの分析と理解をベースに、次年度の予算と企画を立てる

マーケティングに正解はない。誰かが何らかの仮説をベースに決めて、進め、検証しながら改善していく。その際、何が成功であるのかという指標と、その判断方法や基準を共通に持つことが、重要である。

嵐が、2021年現在のマーケティングの事例として最適だと思った理由

嵐が実践したマーケティングと、その結果として起こったことを学びの基とし、そこから同じような結果を目指して再現性を考えるのが第2章の主旨である。嵐から学べること、その優れた要素を、今後読者の皆さんがマーケティングに役立てるために、自分のプロジェクトでどう再現できるかを考えてみていただきたい。そんな思いで、この章を書き進める。

まず、嵐が最高のマーケティング事例だと著者が思った3つの理由を説明したい。1つ目は、わかりやすい、中長期的なビジネスの成功例だからである。10年もの間、売り上げ、ファンクラブ会員数、視聴率、ライブ動員数など、日本のアイドルというカテゴリーでは、圧倒的にトップの数字をたたき出している。嵐のような成功例を選び、ビジネスの成功を支えたマーケティングの戦略やプロジェクトの詳細を見ていくことが効果的だと考える。嵐が活動休止に入るに至って、嵐のブランディングやマーケティングが「失敗だった」「嵐が最後には飽きられて、オワコン（終わってしまった時代遅れのコンテンツ）になった」という意見を持つ人はほとんどいないと思う。嵐は2020年12月31日をもって活動を休止するまで、消費者にとってもビジネス面で見ても魅力的なブランドであり続け、それを支

えるマーケティングを成功させてきたのである。

2つ目は、読者にとってわかりやすい事例であるということである。特にここ2年間、休止を発表してから頻繁にメディアに取り上げられたので、読者の皆さんも何らかの形で嵐の活動、映像、言葉に触れていたと思う。周りの人たちがその活動に対してコメントしたり、感情を揺さぶられたりしているさまを身近に見る機会があったかとも想像する。読者の皆さんが、「なるほど」と感じる機会が多く、具体的に何をしてきたのかを見ることができたということが、マーケティング事例として適していると思った理由である。

そして3つ目。嵐は、実はマーケティングの基本と最新の理論の両方を説明する事例として最適なのである。「はじめに」でも書かせていただいたが、著者は本書の執筆のため、マーケティングの（大御所の方々の）基礎理論や、ここ数年で発表された最新理論の書籍、デジタルマーケティングの理論なども改めて読み直した。そこで感じたのは、嵐のマーケティングは、「基本にも時代にも沿ったマーケティングである」ということであった。マーケティング理論を丁寧に読み、それをフレームワークとして活用することで、なぜ嵐のマーケティングが効果的だったのかを理解することに役立った。嵐が21年間の活動の中でやってきたことは、現代の消費者行動に合い、理論的にも正しいことが多いのである。もちろんマーケティング活動として、すべてが正しかったとは言わないが、嵐は消費者の変化を理解した〝新しいマーケティング手法〟を、その理論が発表されるよりかなり前から実践していたのである。そういった意味でも、嵐は今の時代に沿ったマーケティングのエッセンスを学ぶのに有効な題材だと著者は考える。

前置きが長くなったが、第1章で書いたブランドのイメージをつくるために、嵐がどんなマーケティング手法、打ち手を使っていたかも含めて、嵐の〝沼〟に一緒に沈んでいただきたいと思う。

マーケティングとは何か？ 嵐のマーケティングとは？

そもそも、マーケティングとは何だろうか。どんな活動のことを指すのだろうか。嵐のマーケティングを語る前にまず、マーケティングの定義を著者がどう考えているか、それを共有したい。実は、読者の皆さんも実感しているかと思うが、マーケティングの定義は研究者や実践者の視点や立場により多種多様であり、様々な説明の仕方がある。多様なマーケティングの定義を見て、シンプルでわかりやすい、かつ嵐のマーケティングを説明するのに適していると著者が思ったのは以下のものである。マーケティングとは「市場（現在の買い手と潜在的買い手）に向けての活動」という定義だ。本書では、この定義でマーケティングの話を進めさせていただきたい。

では、この定義を嵐のマーケティングに当てはめるとどうなるか。第1章でも説明したように、嵐の活動は「ファン」が対象である。定義に当てはめると、嵐がターゲットとする市場とは、「お金を出して、嵐に関する何らかのサービスや商品を購入してくれる現在のファン」、それに加えて「購買ファンになる可能性が高い、潜在的なファン」となる。嵐の購買ファンと潜在的な購買ファンの集まりである市場に対して行われる活動全般を、〝嵐のマーケティング〟としてこれからの話を進めたい。

第1章では、長期的な観点から嵐ブランドが価値を高め続けている理由を3つ述べた。

①ブランドは自分のものだという当事者意識を持つ
②ブランドへの共通認識を持つ
③オフ・エクイティを決断する人と決断の仕方を決める

この3つのブランドを守り育てる方向性や取り決めをベースに、嵐は市場に向けた活動を、高い質を維持しながら細かに実行し続ける。それが嵐のマーケティングの強さであり、嵐ブランドがパワーを失うことなく21年間成長してきた理由であると思う。

とはいえ嵐であっても、売り上げや収益を上げるマーケティングを行うことは、ブランドやビジネスに関わる人たちを支えるためにも、自分たちがやりたいことをやるためにも重要である。

実際、嵐は少なくとも10年間、アイドルのトップとしての成果を上げ続けた。嵐市場を理解して実施した質の高いマーケティング活動が、高い売り上げと利益にも結びついているのだ。嵐のビジネス的な成功の「ドライバー」（結果が出る理由となっている因子）を、マーケティング理論も参照しながら、見ていきたい。

これから説明する3つのドライバーは、嵐の実践したマーケティング例を現在の理論にひもづけてお話できると思って選んだ。まず3つのドライバーが何であるか説明し、その後でドライバーを1つずつ理論と嵐の事例を交えて解説していきたい。

嵐のマーケティング成功のドライバー1

顧客志向と顧客インサイトの理解

マーケティングに関わる者として、嵐のマーケティング（対嵐市場の活動）は、「上手に消費者の心のツボをついていて効果的である」と強く感じる。そのあまりの正しさに、マーケターとして負けました、参りましたと思わされることも多い。なぜ、私はそう思わされ続けているのだろうか。その理由の根底には、嵐が顧客志向のマーケティングを徹底的に行っていることがあると思う。

顧客を理解して、顧客を中心に据えたマーケティング活動を行うことを顧客志向のマーケティングと呼ぶ。顧客（嵐の場合は嵐ファン）をとことん見て、理解して、考えて、ニーズや困り事に応えるためにマーケティング活動をすることである。「お客さまのことを第一に考えましょう」という方針は、ビジネスやマーケティングの場でごく一般的に聞かれると思う。この顧客志向、顧客を第一に考えるということは、わかりやすくシンプルで、誰にでもできそうに聞こえる。

しかし、顧客志向という考え方はシンプルではあるが、とことん最高の質を目指して実行し続けるのは、実は非常に難しい。自分たちが「顧客志向でありたい！ お客さま第一」と考えて実行することはもちろん、顧客側に「顧客志向のブランドだ」と実感してもらう必要がある。ブランディングについて話したように、ブランドも、ブランドの生み出す商品やサービスのイメージも、顧客の頭の中にあるものである。売り手（送り手）が顧客志向でありたいと努力していても、買い手（顧客）が実感し、そう頭の中で信じていない限り、顧客志向のブランドや商品にはならないのである。

嵐の顧客志向のマーケティング

ファンの心の中の〝愛〟を育てる

マーケターの目から客観的に見ても、嵐は顧客志向に徹した活動を企画し、その活動をファンが喜ぶ形で届けていた。そして、顧客志向でありたい、ファンを喜ばせたいと思う気持ちがファンに十分に伝わっている。企画、実行、コミュニケーションにおいて、総合的に高い質のマーケティングを実践していた。

特に、活動休止を発表してから約2年、嵐とファンとの交流を細かに見ていて、発表前よりも顧客志向の姿勢が確実に、より強く伝わっていると実感した。休止に向けて嵐がファン（市場）に対して様々な発表をするときに、その一つ一つに対するファンの反応を見て、嵐が顧客志向のマーケティングをしていること、それがファンに伝わっていることが理解できた。

詳しくは後述するが、例えば嵐の最後を締めくくる２０２０年12月31日の無観客ライブ配信によるラストライブに向け、様々な工夫を見せてくれた。その発表のたびにファンコミュニティーがざわつき、Twitterなどに感謝とうれしさを伝える言葉をファンが投稿する。そのとき、ファンに多く使われていたのが、「嵐はファンファーストだから」「私たちのことを一番に考えてくれているから」といった言葉である。嵐自身がファンファーストなどという言葉を発したことはない。それでもファンは、嵐がファンのことをとことん考えるという姿勢に心を動かされ、「ファンファースト」という言葉を使って、嵐に対して感謝の言葉をつぶやくのである。ラストライブに向けて、ライブをより楽しむためにつくられた新しい機能ややり方は、「そうそう、それはうれしい！」と思う、ファンの心のツボに絶妙にはまっていたのである。嵐がファンを喜ばせるために考え、努力してくれた全プロセスをファンは感じ取り、理解し、「私たちのためにこんなに頑張ってくれて、ありがとう！」という気持ちになるのである。

国民的アイドルであろうと、消費者向けブランドであろうと、自分たちの顧客を理解する努力が必要なことは変わらない。嵐ほどの人気があるグループであっても、活動休止前の最終日までファンに向き合って、質の高いマーケティングを全力で実施していく努力を続けてきた。後に続くジャニーズJr. たちだけでなく、マーケティングやビジネスに携わる方たちにも、そうしたやり方から多くのことを教えてくれているような気がする。

顧客インサイトを理解する

顧客ニーズを理解する、「その先」が必要

ただし、顧客志向を第一にして、現在の顧客の声、顧客ニーズだけを理解してマーケティングをすれば、ブランドやビジネスが強くなるというわけではない。これがマーケティングの難しいところである。顧客は、今の自分たちの目の前にある商品やサービス、ブランドに対しての意見は言える。しかし、「こんな商品やサービスをつくってくれたらうれしい」というような、今提供されていないものや変化を、買い手（受け手）が売り手（送り手）に的確に伝えることは難しい。

例えば、iPhone発売前に定性的な消費者調査をしたとする。米アップルの熱烈なユー

ザーに「どんな携帯電話が欲しいですか？」と聞いたとしても、スマートフォンのような使い方ができる商品への期待は誰からも出てこなかっただろう。まだ話すことができない赤ちゃんに「どうしてほしいか言ってくれたら、望むことをしてあげるのに……」と大人が感じるのと一緒で、本当はどうしてくれたらうれしいのか、洞察力と観察力で見つけていくことを「消費者インサイト」「顧客インサイト」を探る、見抜くと言う。

この顧客インサイトは顕在化されていないことが多い。そして、顧客がある程度それを感じていたとしても、的確な言葉で説明されることが少ない。本音と建て前のように、人間は常に自分の気持ちを正直に伝えるわけではない。消費者インタビューで意見を聞かれても、ちょっと格好をつけたりしてしまうのである。SNSに消費者が投稿したメッセージを読むことも顧客理解にはつながるが、その言葉をそのまま受け取っても彼らが本当に欲しいものが何かはわからない。彼らが言葉を発している理由、その感情を生み出している要因、本当は何があったらより幸せなのか、などを深く考えることが大切だ。

顧客インサイトは潜在的顧客ニーズとも違う。「意識はしていないが、実はこんなことに困っている」とか「こんなものがあればいいな」というのが潜在的な顧客ニーズである。でも、すべての潜在的顧客ニーズが大切であるわけでもないし、そのすべてに対応し

図3／顧客インサイトは顕在化しておらず、顧客自身も気づいていない

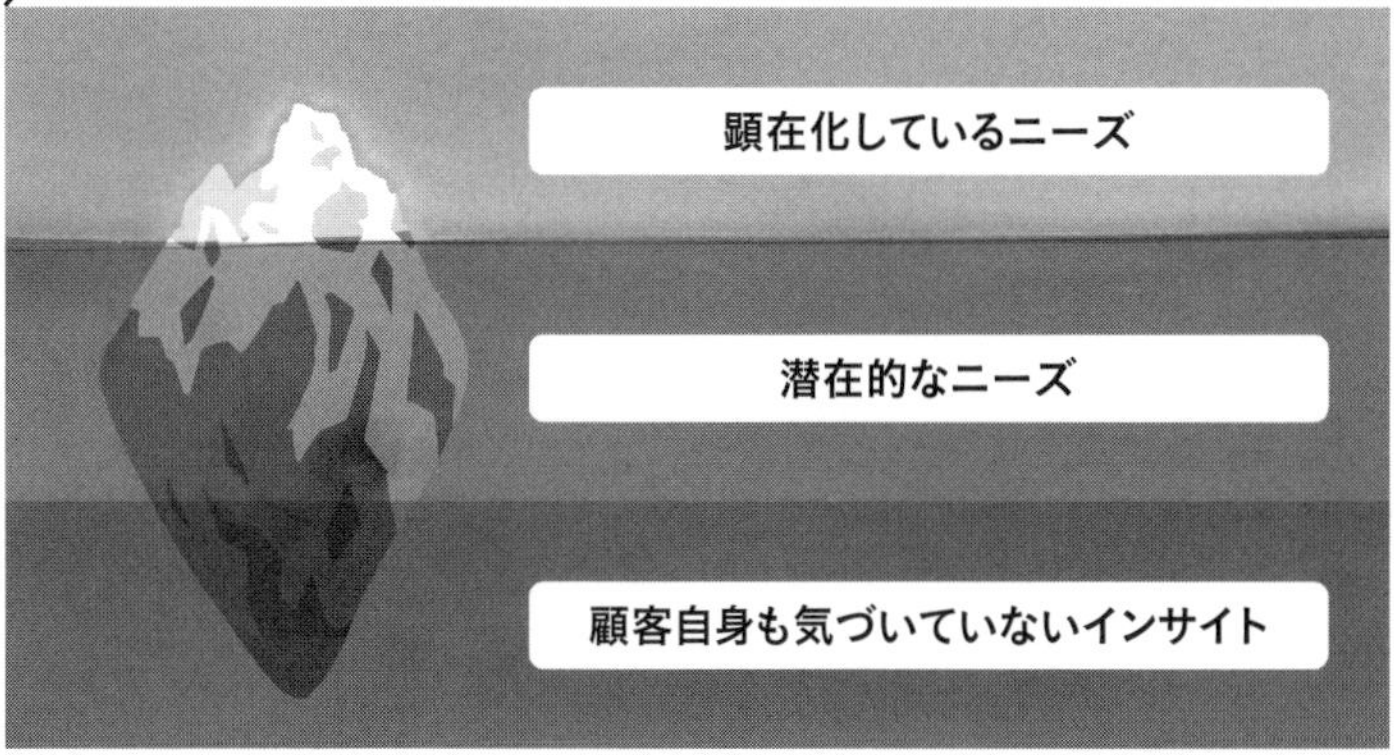

ていても、ビジネスが大きく伸びるわけでもない。顕著化していたり、潜在的だったりする顧客ニーズの中で、大きく化ける可能性のあるネタとでも言おうか、顧客の気持ちを動かし、大きな消費行動（購買行動など）の変化を起こすような、ビジネスのキモになるような大切な「インサイト」を顧客インサイトと呼ぶ。インサイトという英語は、日本語で「洞察（力）」と訳されるが、マーケティングでは、消費者が無意識に抱いている本音、本当の理由といった意味を持つ。潜在的ニーズより深いところに存在し、これからニーズとなる思いだったりもする。インサイトを理解するには、本質を確かにそうした「深く見抜く力、目利き力」が求められる。

嵐のマーケティングで、「さすが！」と思う

のは、その「勘の良さ」「目利き感」である。ファンが今求めているものだけでなく、「こうしたらもっとファンが喜ぶに違いない」「きっとこんなふうに感動してくれるだろう」という顧客インサイトで、今求められている以上のもの、ファンの心を揺さぶるものを、絶妙なタイミングで提供する。自分のニーズや希望を満たしてくれると期待しているファンにしてみると、期待の斜め上をいかれた気分になり、驚き、感動するのである。自分でも気づいていなかった望みをかなえてもらうと、「嵐はここまでやってくれた！」という感動や心からの喜びになる。大きく心が動くと、消費につながったり、誰かに薦めたいと「推奨」の行動をとったりする。

著者は、２００７年の「SUMMER TOUR 2007 Time―コトバノチカラ―」というライブツアーから、できるだけ嵐のライブに参加している。そのたびに自分が期待している以上のステージを見せてもらい、新しい技術や演出に驚き、心を動かされる。常に進化・変化し、自分の期待の斜め上をいく嵐のライブを観て、心から「負けました」と思うのである。そして、同じように感じて、感動している何万人もの人たちの顔を見ながら、「こんなふうに消費者の気持ちを動かせたらどれだけうれしいものだろうか……マーケティング頑張ろう!!」と感じる。感動と、マーケターとしての悔しい気持ちを抱えて帰路に就くのである。

嵐のマーケティング成功のドライバー2

ファンと多様な価値交換を、継続的に実行

嵐はファンを理解し、ファンが伝えられないけれども思っているであろう「喜ぶかもしれないもの」も理解しようとして、マーケティングを行っているということはドライバー1で説明した。

ドライバー2として、これから、嵐の成功の大きな要素になっていることを解説するうえでの重要な基本概念、「価値の交換」というマーケティングの理論を説明していきたい。

「価値の交換」という考え方とは？

マーケティングで重要かつ活用しやすい考え方として、リチャード・P・バゴジー氏らが論じている、価値の交換という理論がある。この章の冒頭で説明したように、マーケティングは市場（買い手）に対する活動である。そのマーケティングを実施したうえで、買い

手（消費者、顧客）と売り手（商品・サービスの提供者）は、何らかの価値の交換をするということになる。わかりやすい例で言えば、私が偶然見つけた日本コカ・コーラの自動販売機で、130円で280ミリリットルの「綾鷹」のペットボトルを買ったとする。この場合、私と日本コカ・コーラが130円と280ミリリットルの綾鷹の価値の交換をしたということになる。

価値交換の期間

短期的か長期的・継続的か

売り手と買い手の価値の交換には、短期的なものと長期的なものがある。先に述べたように、道端で偶然見つけた日本コカ・コーラの自動販売機で綾鷹を買った場合は一回きりであり、短期的な交換となる。これが例えば、飲み物が毎月送られてくるサブスクリプションサービスに加入した場合、長期的かつ継続的な価値の交換となる。最近は日常生活の中で、こうした長期的・継続的な価値交換をする機会が増えてきた。映像や音楽の配信サービス、新聞や雑誌の定期購読や読み放題サービス、はたまた名刺管理やオンラインストレージといったビジネス用途まで、探し始めると思った以上に継続的価値交換を多くしていることに驚く。マーケティングの理論的には、短期的・単発の価値の交換よりも、長期的・継続的な価値の交換をする方が、深い関係性を築けるとされているのである。

サブスクリプションをベースにしたサービスというのは、定期的な収入や入金が見込めるという収益上の安定のみの視点で語られがちだ。しかし、そうした定期収入のメリットに加え、買い手と継続的に価値交換をし、より深い関係性になるという重要な意味もある。

嵐とファンの価値交換は長期的・継続的

嵐とファンの価値交換は、嵐とファンとの関係を深める。嵐とファンの価値交換が長期的・継続的であり、かつ「定期的」であるからだ。

例えば、売り手が嵐であり、買い手を嵐ファンクラブ会員だとした場合、この関係性は少なくとも1年間（入会からファンクラブの更新まで）、更新すれば複数年にわたって価値の交換をすることになる。そして、そのファンクラブの会費に対して、年数回の会報やライブを申し込む権利といった、ファンクラブ特典としての価値が継続的に、そして定期的に提供される。会報の他に、嵐メンバーやファンクラブからのお知らせなど、ファンにとっては価値があるメッセージや情報も提供され、ライブやグッズ、本やカレンダーの購買への刺激となる。長期的な価値交換によりロイヤルティーが上がっている顧客に対しては、追加の購買（価値交換）へのハードルが低くなり、情報提供のたびにグッズなどを購入する可能性が高い。

顧客との関係を深める、4つの価値の交換とは

価値の交換の期間を長期的にすることに加えて、顧客との関係を深めるために大切なのは、交換する価値の種類を増やすことである。マーケティング理論的に買い手（受け手）が売り手（送り手）と交換している、4つの価値とその価値の内容を説明する。

嵐のマーケティングは、どんな価値を買い手（ファン）と交換しているのか。ご想像の通り、嵐は提供するサービス、エンターテインメント、商品などに関して、1種類ではなく、多種類の価値をファンと交換し、高い価値を感じてもらっている。そうした嵐の事例も入れつつ4つの交換価値を理解してもらいたい。

そして、それを自社の商品やサービスに当てはめ、自社の顧客とどの種類の価値交換をしているかを考えていただきたい。4つの価値交換のうち、どの価値交換がうまくいって

図4／買い手と売り手の価値交換は、
頻繁で長期的であればあるほど、その関係性を強める

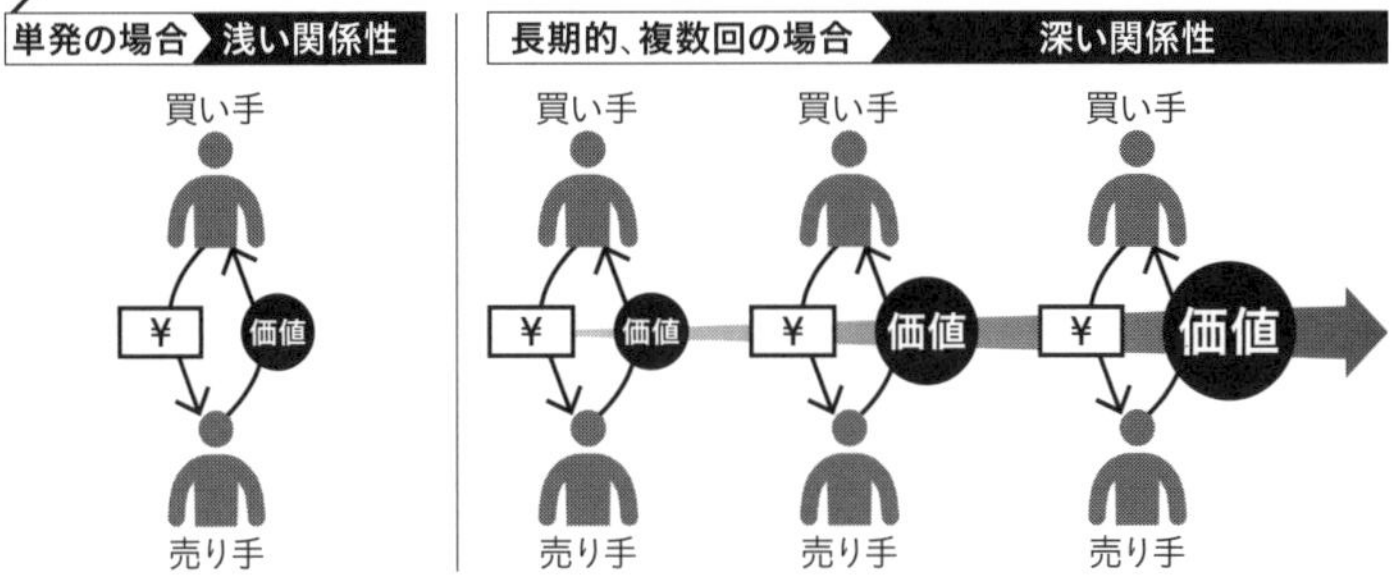

おり、どの価値交換を強化する必要があるのか、さらには、交換する価値の種類をどう増やしていくかを考えてみてはいかがだろうか。多様な価値を交換できることが、自社ビジネスを差別化し、自社の顧客に愛されるために重要なのだと、マーケティング理論と嵐の実例を見て感じている。

先にお伝えすると、マーケティング理論で語られる、売り手と買い手が交換する価値の主なものは、次の4つである。

1. 機能的価値
2. 感覚的・情緒的価値
3. 経験価値
4. 文脈価値

この4つの交換する価値を嵐の事例を見ながら説明

していきたい。

1．機能的価値

役に立つ機能を提供する価値

機能的価値とは、顧客に対して何らかの「役に立つ」機能を提供する価値のことであり、商品やサービスを売るときに、一般的に必要とされる価値である。

こうした機能的価値の向上を考える場合、前述したように、顧客志向で、自社の顧客から求められている機能を向上させることが重要だ。「新しい！」「前からこんな機能が欲しかった」と顧客に思ってもらうことで、顧客にとっての機能的価値を上げていく。

商品やサービスを開発するとき、他社より優れた機能的価値だけを差別化ポイントとして、機能を進化、向上させることに集中するケースもよく見られる。しかし、機能的価値だけで、他社よりも良い商品やサービスをつくり続け、意味ある差異を生み出していくには、多大な努力が必要だ。圧倒的に優れた機能的価値を開発して提供しても、時間がたつにつれ、似たような機能やサービスを提供する競合が現われてコモディティー化したり、価格競争に入ったりしていくということも起きる。後続組も努力して開発し、同じ質の技術、または機能を向上させる新しい技術を打ち出してくる。機能的価値は重要であるが、この価値の交換だけで長期間勝ち続けるには、大きなコミットメント（投資、優秀な開発人材、時間など）が必要となる。

嵐も、このファンと交換する機能的価値（歌や踊り、届けるCDのクオリティーの高さなど）にこだわり、歌って踊れるアイドルとして、より高い価値をファンに提供しようと努力している。しかし同時に、自分たち嵐が持つ機能的価値だけで、競合と比較して常にトップの価値を提供し続けるのは難しいと客観的に理解していたようだ。

嵐は、売り上げを見ても、人気を見ても、ファンクラブの会員数を見ても、日本のトップアイドルだと言っていいだろう。嵐の場合、機能的価値の向上だけにとらわれず、様々な価値を組み合わせた総合的な価値でファンに喜んでもらおうと、嵐の活動初期から決めていたのではないかと思う。また総合的価値だと言いつつも、歌や踊り、届けるCDなどの機能的価値を上げることにも強いこだわりを持っていたと感じる。ファンに喜んでもらうために、徹底したプロ意識で、この機能的価値となる歌や踊り、ステージなどを時間をかけて磨き、毎年より高い価値を見せるため、努力をし続けていたと一ファンとしても感じている。

嵐がエンターテインメントの領域で提供している自分たち自身の価値ではなく、商品やサービスはどうだろうか。例えば、毎年ライブで販売する売れ筋グッズの中に、その年のテーマに合わせたデザインのペンライトがある。後ほど説明するが、最新の自動制御システムに対応するようにつくられ、機能的には非常に優れている。しかし、ファンにとっての機能的な価値はライブの最中にペンライトを持つ、振る、光らせるなどの基本的な機能であり、ライブが終わってしまえば、それ以外に使える用途は限られている。ファンが参加できるライブの当日だけ使える、時間と場所が限られた機能的価値を提供されることになる。

このペンライト、ライブに参加するとわかるが、多くのファンが過去のバージョンではなく、その年の最新ペンライトを握って参加する。また東京ドーム以外の会場では、オンラインや会場内部でのグッズ販売がなかったため、ファンはグッズを買うために会場外に設置されたグッズ売り場の列に長時間並び、ライブ開演に間に合うようにペンライトを購入しているのである。握れる、振れる、光るといった機能的な価値だけであれば、こうした努力をして最新のペンライトを購入することはないだろう。機能的価値以外の価値も提供しているからこそ、ファンにとっての総合的な価値が上がり、ファンが時間を使って購買するという行動になっていったのだと思う。

機能的価値は重要であり、特に自社の顧客を理解したうえで進化、向上させていく必要がある。重要ではあるが、他社との意味ある差異や顧客と交換する価値を、機能的価値だけに制限しない、価値の考え方の視野を広げることが重要であると著者は考える。

2．感覚的・情緒的価値
心地よい、楽しいなど感覚的に感じる価値

心地よい、かわいい、楽しい、ワクワクするなど、顧客が交換を通じて感覚的に感じる、顧客の主観による、数値的な比較が難しい価値が感覚的・情緒的価値である。例えば、最も軽いカメラというのは機能的価値である重量で比較ができるが、最もおしゃれなカメラとか、かわいいカメラといわれると、比較をする基準を決めるのは難しい。価値交換する買い手が、価値交換に値する感動やうれしさ、楽しさなどを実感できることが重要になる。

機能的価値で嵐のライブ用ペンライトの例を出したので、感覚的・情緒的価値について

もペンライトを例に考えてみよう。機能的価値のところで説明したように、嵐のペンライトはツアーのテーマに合わせて、デザインもフォルムも毎年新しいものとなる。20周年記念のペンライトは、「5×20（5人で20年）」という記念ツアーの文字が入った、お祝いがテーマのデザインになっていた。こうした、××年のテーマと連動しているデザインのペンライトは、自宅に帰った後もそれを見るたびに××年のライブに参加した感動を思い出すという情緒的な価値がつく。思い出とペンライトを連携させるために、写真も一役買う。例えば、ライブ前の東京ドーム前の広場は、××年のテーマペンライトと、ドームに飾られた「嵐　××ライブ」という横断幕と、自分を入れて記念撮影しているファンであふれる。

機能的には前年のもので何も支障がなかったとしても、嵐と過ごすライブの思い出は、その年のテーマのペンライトと共にしたいという情緒的な欲求が生まれるのであろう。加えて、その年のテーマのペンライトを持っているということは、嵐に時間を割いてグッズの列に並んだという努力や、「参加者みんなで嵐のライブを楽しみにしていたよね」という気持ちなどを、ライブ参加者たちと共有していると感じる価値もあると思う。

機能だけでなく、情緒的な価値を加えると、同じ機能を提供するアイテムであっても新規購入を促せるという良い事例であると思う。

3．経験価値

消費する、参加するなどの体験、経験から得られる価値

商品やサービスを使う、消費する、参加するなどの体験、経験から得られる価値のことを経験価値と言う。この価値を交換することにより、買い手と売り手の関係はさらに強くなり、継続的な価値交換をする関係になりやすいと思われる。

例えば、嵐のコンサートのチケットにお金を払うファンは、そこでの3時間、嵐やファンと一緒の時間を過ごすという経験に対して価値を感じ、お金を払うのであって、東京ドームに3時間いる権利にチケット代を払うわけではない。「モノ消費からコト消費へ」「コト消費が重要」という言葉が最近聞かれるようになったのも、この経験価値の重要さが語られ始めているからである。

では、今まで例に挙げてきたペンライトに関してはどうか。機能的価値、情緒的価値に加えられる経験価値は何になるか。嵐のペンライトには、それを使ってライブにより深く参加する、「ライブ会場の風景とステージ演出の一部になる」という経験価値がつく。そして、これがファンにとってのペンライトの価値をさらに上げる。

2014年以降の嵐のライブ用ペンライトには自動制御システムがついており、そのシステムはFreFlow、通称フリフラと呼ばれる。ソニーエンジニアリングが開発した仕組みで、参加者が自分でつけたり消したりできるだけでなく、演出側がそのペンライトのLEDライトを無線で一斉制御できる。舞台演出の中に組み込むことで、参加者とライブの一体感を創出することができるのだ。嵐は、2014年のデジタルと音楽の融合をテーマにした「THE DIGITALIAN」というツアーライブからフリフラの使用を始め、演出の一部として使い方を毎年進化させてきた。

入場後、ファンが自身のペンライトに座席のコードを同期し、その情報を使って、席ごと、列ごと、ブロックごとに光の色を変えることができる。グラデーション、ウエーブ、会場に光が一筋走るなど、3時間のライブ中、ペンライトを制御して様々な風景を見せてくれる。また、演出や歌詞との連動も面白い。例えば、櫻井の動きに合わせて、歩いていく花道の両側のブロックのみが櫻井のメンバーカラーの赤に変わっていく。また、「満天の星のように」という歌詞に合わせて、星のように光る一面の白い光の海が広がる。

このフリフラを活用した高度な演出により、1公演あたり4万～6万の参加者が集うドームでのライブで、ステージから遠い席で残念だったと思うライブ参加者が激減したに違いない。

演出と連動した美しい風景を見て、どの席に座ってもライブをより楽しめるという経験を提供することがペンライトの経験価値になり、買い手が交換する価値を総合的に上げたのである。

4．文脈価値

どんな文脈（状況、状態、気持ちなど）で使用したかで変化する価値

マーケティングの領域で、この文脈価値という言葉を聞く機会が増えた。商品やサービスがコモディティー化してきた最近だからこそ、重要になってきたのだと想像する。英語ではコンテクストと言う。商品やサービスを、どんな文脈（状況、状態、気持ちなど）の中で使用したかによって、変化する価値である。例えば、有名レストランに一人で行って食べるか、気の合った友達や付き合っている人と二人で行って食べるかによって、感じる価値が違うことがあるだろう。出される料理も支払っている金額も全く一緒だったとしても、感じる価値と「その金額を支払ってよかった」と思う気持ちが異なる場合がある。こうした文脈によって、受け手（買い手）の価値へのベネフィット（便益：どんな利益が得

られたか）が違うことを文脈価値と言う。

これは、送り手（売り手）だけでは、生み出したり、コントロールすることができず、受け手（買い手）と一緒に価値をつくっていく必要がある。受け手（買い手）と送り手（売り手）が一緒にサービスをつくっていく、共創という価値交換となる。商品やサービスには価値となり得る要素が埋め込まれているが、それを価値あるものにするのは顧客自身であり、企業ではない。文脈価値とは、顧客が消費の過程を通じて感じることが重要であり、顧客が企業と一緒に価値を実現させる共創者になる。

文脈価値は、サービス・ドミナント・ロジック（SDL）という比較的新しいマーケティングの理論から発している考え方だ。サービス・ドミナント・ロジックは、商品やサービスに備わっているもともとの価値を、実際の価値にするのは受け手（買い手）である顧客だという考え方だ。商品やサービスの送り手（売り手）と受け手（買い手）が双方の働きかけによって共創するという理論である。

理論の説明を聞いてもわかりにくいかもしれないが、嵐とファンの活動を見ていると、このサービス・ドミナント・ロジックがごくごく自然に行われている。そして、そこでつくり出されている文脈価値をファンと嵐が交換している場面がよく見られる。

引き続き、ペンライトを例に見てみよう。前述したように、2014年からのペンライトは自動制御システムで演出の一部となっている。会場全体の美しい風景はファンが手に持つ一つ一つのペンライトで描かれ、「会場の私たちみんなでつくる」、嵐とファンが共創した風景になる。

「『この光の一つ一つがファンの愛なんだなあ』とグッとくるところまでが、ライブ参加の醍醐味のワンセット」というようなファンのSNSへの書き込みを見つけ、自動制御のペンライトがつくる景色を見たファンの感情を代弁していると感じた。

加えて、このペンライトの文脈価値をさらに上げる演出も考えられている。3時間のライブ中に、自動制御されていない時間も十分取ってあるのだ。ペンライトの色を自分の好きなメンバーカラーに変え、自分がどのメンバーのファンなのかをアピールする。メンバーの誕生日公演では、会場のファンが手動でペンライトの色を誕生日を迎えたメンバーの色に変え、会場全体でお祝いしている気分を共有する。MCでのあいさつのときも、あいさつをしているメンバーの色に手動で変えて、応援の気持ちを伝える。こうしたペンライトと色で意思表示をできることも、演出に自身で参加してライブをつくり上げているという文脈価値を上げる。

こうして3時間の共創の時間を過ごしたライブ参加者は、自分が行ったライブのDVDやブルーレイディスクといったパッケージを買いたいと思う気持ちが強くなることが、ライブ参加者のつぶやきを見ているとよくわかる。自分たちがその美しい風景を共創し、その一部だったという文脈価値が、さらなる商品（DVDやブルーレイディスク）の購買意欲を上げるのだ。

文脈価値を売り手と買い手が双方向で交換することで、商品やサービスが「私たちがつくったもの」となる。機能、情緒、体験に文脈価値が加えられて、交換する価格に対して買い手が実感できる価値が上がり、「私にとってお得な交換だった」と思えるのだ。買い手にとって意味のある文脈価値をどうつくり出し提供するかをとことん考え、改善していくことが、交換価値を高めるために重要であると著者は思う。

嵐のマーケティング成功のドライバー3

心にメッセージを定着させる、ストーリーテリング

嵐がマーケティングを成功させているドライバーの3つ目として、著者はストーリーテリングのうまさを挙げたい。このストーリーテリングとは現在、マーケティングで注目度が上がってきている理論である。米国のブランディング研究の第一人者たちが中心になり、ストーリーテリングの理論を発展させている。バズってもすぐに忘れられるメッセージや情報は、マーケティングとしての効果が薄い。SNSを中心に、様々な情報が発信、拡散されている現代にストーリーテリング（物語）という手法が注目されているのは、人の心の中に定着しやすい、人の心を動かしやすいという特性があるためである。

SNSが重要な今、なぜストーリーテリングが注目を浴びているか

2017年ごろから米国のマーケティング領域で、ブランディングやマーケティングの

書籍に、「ストーリーの重要性」を語っているものが増えている。ストーリーテリングの理論を進める中心になっているのが、ブランド論の大家であるカリフォルニア大学バークレー校名誉教授のデービッド・アーカー氏だろう。例えばアーカー氏は、ストーリーテリングだけの理論書『ストーリーで伝えるブランド　シグネチャーストーリーが人々を惹きつける』（ダイヤモンド社）を米国で2017年に出版した。マーケティングの大御所のコトラー氏の最新書『コトラーのマーケティング4.0　スマートフォン時代の究極法則』でも、ストーリーやコンテンツの重要さが語られている。

インターネットが広がり、SNSが日常的に活用され、ファン同士がつながってコミュニケーションをしている現在だからこそ、人の心を動かすコンテンツが、そしてコンテンツの中心的な役割を担うストーリーが重要さを増している。

では、マーケティング理論の大家たちが定義する「ストーリー」とは何で、ストーリーを語る「ストーリーテリング」の重要度がなぜ上がっているのか。ストーリーの中でもコアになる、シグネチャーストーリーとは何か。

この章では理論の説明を中心として、この後、特に第4章で嵐の活動休止に向けたマーケティング活動や打ち手を見ていくとき、嵐の事例とともに再び詳説したい。この書籍を読み終わる頃には、嵐が「優秀なストーリーテラー」であり、嵐の語るストーリーがファンの心を揺さぶり、嵐ブランドを強くしていっていることを理解していただけると思う。

ストーリーが必要な3つの理由
①ストーリーには強い力がある

ブランド理論の大御所、アーカー氏によると、企業が戦略的にメッセージを伝えるために、ストーリーが必要な理由は3つあるという。

「これは事実だよ！」と事実だけを提示されるよりも、ストーリーで語られる方が、受け手に対しての説得力が圧倒的に高いという見方がされている。時に、ストーリーが事実に勝って、より信じられたりもする。

前述したように、マーケティングが多面的な「市場に対しての活動」だとしよう。この市場（買い手の集まり）に対して、ストーリーは効果的な活動ができ、その活動を成し遂げる力がある場合が多い。単に事実を伝えるのではなく、ストーリーは人の心や頭の中に何らかの印象を残す。受け手の心に響く強いストーリーは、伝えたいメッセージを「記憶に定着させる」「人を引き込む」「説得する」「奮い立たせる」など、人の気持ちや記憶に関わる活動を効果的に促す。こうした結果を望むとき、優れたストーリーが圧倒的に強いとアーカー氏は語る。

嵐の例も見ても、嵐ファンの結束、説得、気持ちを高めるなど、「ファンの気持ち」に関するマーケティング活動には、ストーリーが有効だとわかる。嵐のファン活動をしていると、嵐が発信する多様な「ストーリー」がファン同士の会話や、SNS上でのやりとりで語られるのを目にする。そして、ファンの気持ちの高ぶり、高いロイヤルティー、熱量を見ていて、嵐の語るストーリーがファンたちを引きつける重要なドライバーであることが感じられる。

ストーリーが必要な3つの理由

②SNSに重要な、魅力的なコンテンツの鍵を握っている

デジタル活用が進む時代、受け手に魅力的なコンテンツを届けることの重要度が増す。マーケティングの大家たちも、この点に関しては、一致した意見を持つ。コトラー氏も「コ

ンテンツは、デジタル時代に重要な役割を担う」と語り、「デジタル時代の主役はコンテンツである」とアーカー氏も論ずる。重要だということは理解できても、受け手にとって魅力的なコンテンツをつくり出し続けるのは難しい。

魅力的なコンテンツをつくり出すことを支え、その鍵になるのがストーリーであるとアーカー氏は言う。また、コトラー氏は『コトラーのマーケティング4.0 スマートフォン時代の究極法則』において、SNS時代のカスタマージャーニー（購買者のたどるプロセス）として、5A理論を推奨している。それ以前はデレク・ラッカー氏の4A理論、「認知（Aware）→態度（Attitude）→行動（Act）→再行動（Act Again）」が主流理論だった。5Aとは、ブランドや商品を「認知：Aware」し、それが「訴求：Appeal」され、ネットの情報や評判を「調査：Ask」し、購買などのアクションを起こし（「行動：Act」）、その後に誰かに「推奨：Advocate」する、これが現代のカスタマージャーニーだとコトラー氏は言う。

4A理論では、一度ブランドの商品を購入した消費者自身に再購入などをしてもらうことが最終目標だった。しかし、5A理論では、その人自身の購買だけでなく、他者にそのブランド・商品を「薦めてもらう」ことを、マーケティングの重要な目的としている。

そして、この5A理論の推奨（Advocate）したくなるほど商品やサービスを好きになるには、ストーリーが重要な役割を果たす。SNS時代に重要で魅力的であるコンテンツとは、興味を持てる、記憶に残るとともに、誰かに語りたいと感じるコンテンツだと著者は考える。嵐が、テレビ番組「VS嵐」（フジテレビ系列）の最終回の中で、最後の勝負で負けたとき、メンバーが勝っても負けても嵐らしいことが重要だという言葉を発していた。嵐が勝ったか負けたかは、記憶に残るストーリーにはならないのである。ファンが〝嵐らしい勝ち方〟か〝嵐らしい負け方〟として記憶したとき、それをストーリーとして誰かに語りたい、SNSで発したいと思う。それが魅力的なストーリーになるのである。

ストーリーが必要な3つの理由

③ストーリーなしにメッセージを伝えることは難しい

一人の消費者として振り返ったとき、自分が触れるメッセージや情報の量が5年前と比べても格段に多くなっていると感じている。テレビ、ラジオ、新聞、雑誌の4大マスメディアに加え、ブログ、SNS、動画サイト、ニュースサイトといった自発的に見にいく情報、さらにメールやメッセンジャーなどで送られてくる広告や企業メッセージ。受け手にしてみると、情報を理解し、記憶していくのが困難になってきている。メッセージを単に伝えるのではなく、ファンの心や頭の中にまで伝えようとしたとき、魅力的なストーリーなしに記憶に残すことは難しい。魅力的なストーリーは、情報があふれる現状を考えると、必須になってきているのである。

重要な「シグネチャーストーリー」とは何か？

アーカー氏が語る、ストーリーが重要である3つの理由は、著者自身も納得する内容である。きっと読者の皆さんにも共感してもらえることと思う。ストーリーは重要だが、ただ単に多くのストーリーを生み出して顧客に届ければいいわけではないともアーカー氏は論じている。では、どんなストーリーが重要で、ブランディングやマーケティングを助けるのか。

アーカー氏いわく、重要なのはシグネチャーストーリーを届けることであるという。シグネチャーストーリーとは、ブランドや顧客との関係、組織の価値観、戦略などを明確化、または強化するメッセージを伝える、あるいは支える物語である。また、人を引き込み、長期にわたってブランドに活力をもたらし、顧客を説得し、刺激を与えるものであるとのことである。

では、どんなシグネチャーストーリーが、ブランドにパワーを与え、イメージを刷新するのであろうか。アーカー氏は、2つの特徴を説明している。

1．消費者の心の中に定着しやすいストーリーが重要。わかりやすく、そのときの絵が浮かぶストーリー。受け手の気持ちが動く、ユーモア・おかしさ、涙、失敗など、心に訴える要素がある。

2．1つのシグネチャーストーリーでなく、複数のストーリーで戦略的なメッセージを伝えること。同じメッセージを複数の印象的なストーリーで語ることで、消費者の頭の中に、記憶に残るメッセージを構築する。

分析以前に率直な感想を言うと、メンバー5人とも、嵐に関するストーリーを語るのが上手だと思う。消費者の心の中に定着しやすいような、ユーモア、涙、失敗などの心に訴える要素を持つ、わかりやすくて、そのときの絵を思い浮かべやすいようなストーリーを語る。そして、そのストーリーの積み上げがファンの心を動かしていくのである。

ファンが嵐のストーリーを語るとき、例えばSNSの短いコメントであっても、「号泣」

「笑」「クスッとする」など、感情を動かされた言葉やアクションが入っていることが多い。つまり、嵐の語る、見せるストーリーは、わかりやすく、心に訴える要素が圧倒的に多いのである。嵐ブランドへの強い思いは、こうしたストーリーテリングの活用、伝達で〝積み重なって〟生まれていると著者は考える。

嵐のシグネチャーストーリーを成功させている4つの特徴

これから説明する嵐のシグネチャーストーリーの事例は、嵐メンバー5人とファンは縦でなく横の関係であるということを伝えるメッセージで、「5人で嵐」「6人目の嵐」という戦略的なストーリーである。「5人が全員そろっていなければ嵐ではない」「ファンやスタッフは、嵐を支える6人目の嵐メンバーで、嵐というグループの一部である」という、グループのコンセプトのコアであり、「嵐とファンのお約束」になっている重要なメッセージである。そのメッセージが、様々なストーリーとともにファンの心の中に定着しており、嵐とファンがほぼ同じ認識や思いを共有している。その共通した思いや認識が嵐というグループを支えている。

アーカー氏が力説しているように、シグネチャーストーリーは、1つのストーリーでな

図5／シグネチャーストーリーは様々なエピソードに支えられ、魅力的になる

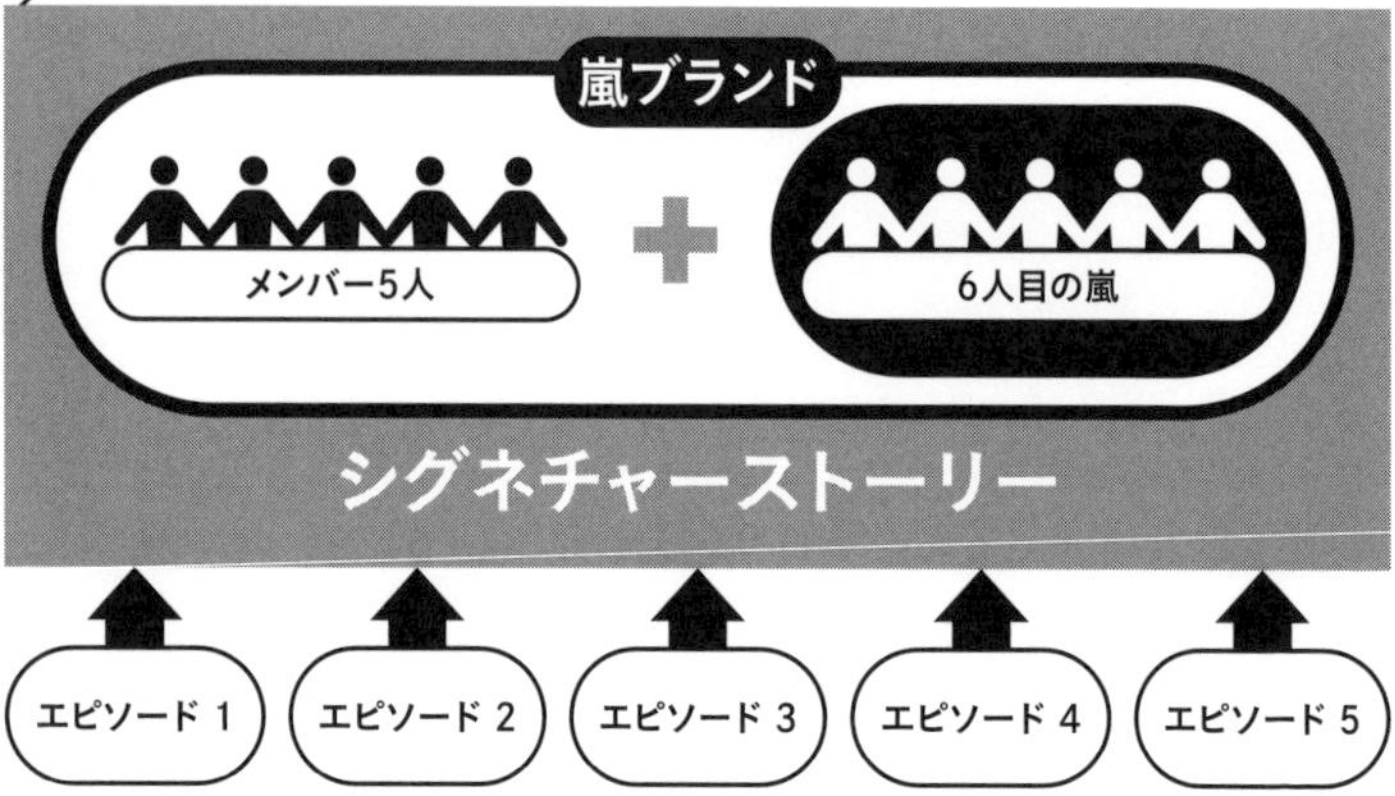

く、複数のストーリーで戦略的なメッセージを伝えることが大切である。

同じメッセージを、複数の印象的なストーリーで語ることが、消費者の頭の中に、記憶に残るメッセージをつくる。強力なストーリーやタグラインを1回つくって伝えればいいということではない。

では、同じようなストーリーを繰り返して伝えればいいかというと、そうもいかない。同じメッセージやストーリーを積み重ねて語るとき、飽きられないこと、古い話を繰り返しているい印象を与えないことが重要になる。

嵐は、どのようにして「5人で嵐＋6人目の嵐」というシグネチャーストーリーをファ

ンの心に向かって語り、新鮮味を失わずに送り続けているのか。ストーリーへの興味を失わせない積み上げ方、伝え方のうまさのポイントは4つあると思っている。

1. 継続的に伝え続ける
2. 時期、時間軸を変えて伝える
3. 語り手を変えて伝える
4. 五感に訴えて伝える

1. 継続的に伝え続ける

繰り返し、長期間伝えて、心にストーリーを定着させる

嵐は、2020年の12月31日まで、「5人で嵐＋6人目の嵐」というメッセージを20年かけて、様々なストーリーやエピソードを使いながら、一貫して伝え続けた。少なくとも、私が嵐の活動を追い始めた2007年からは、嵐はファンに向けてこのストーリーを継続的に伝えていた。この継続性が、シグネチャーストーリーを新旧ファンの心の中に同じイメージや言葉で定着させている理由であると思う。長期にわたって、継続的にシグネチャーストーリーを語ることには3つのメリットがあると、著者は嵐のファンの言動を見ていて

感じている。

1つ目はファンの気持ちが同じ方向にそろうこと。嵐の長期的なファンも、新しくファンになった人たちも、同じメッセージ性のシグネチャーストーリーを聞くことにより、ファン同士の方向性がぶれることがない。ファン同士が、同じストーリーを中心にして、団結できる基盤をつくることができるのである。新規参入のファンも、疎外感を感じない。

2つ目はロイヤルティーが高まること。ファンを続けていると、シグネチャーストーリーが、様々なストーリーとしてファンの頭と心の中にたまっていき、自然とロイヤルティーや熱量が上がっていく。そして、そうしたロイヤルティーが高い、ストーリーを積み重ねている長期のファンたちが、新しいファンにストーリーを語っていくということも自然に起こる。

3つ目は、新しいストーリーを含めて、シグネチャーストーリーがファンと嵐の成長物語にもなることである。6人目の嵐として、シグネチャーストーリーとともに成長していく嵐というグループの物語の一部となり、それを見守る気持ちも強められるのである。

2．時期、時間軸を変えて伝える

過去と現在のストーリーをミックスし、聞き手の興味を持続

嵐のストーリーテリングを見ていて、うまいと感心するのが、時間軸をずらして、過去に起きた様々な時期のストーリーを語る、伝える手法である。メディアを問わず、雑誌のインタビューでも自分たちの番組でも、番宣で出ているバラエティー番組でもライブのMCでも、嵐はよく「5人の関係性についてのストーリー（5人で嵐）」と「ファンとの関係性のストーリー（6人目の嵐）」について語る。「5人で嵐」「6人目の嵐」という言葉を使わなくても、同じ趣旨やメッセージを伝える様々な時期に起こったエピソードのストーリーを語るのである。

はるか昔のジャニーズJr．時代ならば、V6やKinKi Kidsの後ろで踊っていたときのエピソードや「8時だJ」時代の話。1999年のデビュー時期ならば、5人がデビューを聞かされた焼き肉店での話や、デビュー前日の会見準備の話、嵐結成のハワイのクルーザー上での記者会見のときの話。そこから10年たった10周年の頃の話。15周年の頃の話。過去を自在に旅する話とともに、ごく最近の話も交える。松本が大野の家に先週行ったとか、最新ライブでファンを見ていて5人が思ったこと、といったような現在の話を自

然に組み合わせて、同じシグネチャーストーリーを語るのである。

嵐のファンは、5人の語りによって嵐の歴史を体感し、自分の中に様々な時期のストーリーを集めていくのである。長くファンを続けている人たちは、昔から繰り返されるストーリーを「うんうん、あのときの話をしているのね」と懐かしく聞き、新しいファンにとっては過去のストーリーを初めて聞いて嵐の歴史をたどる違う楽しさを経験する。女性は付き合い始めに「大切な人の歴史を自分は知らないのに、元カノや母親だけが知っている」ということにフラストレーションを持つということをよく聞く。嵐ファンの場合、様々なストーリーをメンバーの口から楽しそうに語ってもらうことで、嵐と一緒に過去の時間を過ごしたような気分になれる。

3. 語り手を変えて伝える

メンバー5人5様の伝え方が新鮮さを保つ

読者の方のうち、嵐ファンの方にとっては当たり前と思われて恐縮だが、嵐がストーリーを語るとき、同じエピソードでも、5人が個性にあふれた自分の言葉とニュアンスで語る。理路整然と語る櫻井、ちょっとユーモアとひねりを入れながらも嵐への愛情をダダ漏れさせる二宮、熱い勢いのある言葉を選んでときどき話が止まらなくなる松本、少ない言葉や表情で自分の中のあふれる思いを伝える大野、気持ちや思いが直感的に前に出てそのままに伝えようとする（まとまらなくなるときもある）相葉と、同じストーリーを聞いても印象が違う。嵐のシグネチャーストーリーは、メンバー5人によって5様に語られる。

また例えば、櫻井と大野に関してのストーリーだった場合、櫻井が語る、大野が語る、二人が対話として語る、5人が一緒にそのストーリーについて語るなど、それぞれ同じストーリーでも違う印象で聞ける。嵐の5人は、違う言葉の選び方、視点、対話などにより、「新しい色や匂いやスパイス」を加えて同じストーリーを伝えることができる。聞いているファンからすると、同じ話を何度聞いても新鮮で楽しい。シグネチャーストーリーを継続的に語るときや伝えるとき、語り手と語り方を変化させることが、ストーリーを繰り返し語っても飽きられないポイントであると感じる。

4．五感に訴えて伝える

映像や歌でストーリーをより鮮明に

「5人で嵐」という言葉を聞いたとき、ファンの頭の中に浮かぶのは嵐が語った「5人で心を合わせて歩んできた」エピソードであるが、何らかのビジュアル（映像が多い）も浮かんでいると著者は思う。これは、嵐ファンのTwitterなどの表現を見ていて感じることである。ファンが頭の中で、言葉だけでなく映像と言葉をつなぎ合わせている――というのが、嵐のストーリーの強さである。

これは、嵐ファンが自分たちの想像力を駆使して結びつけているわけではない。例えば「嵐の歴史は5人でつくってきた（5人で嵐）」の映像を例にとろう。写真や映像は、様々な場面や機会にファンに向けて嵐から提供されてきている。嵐のライブに行っても、そうした「型」は必ず見ることができる。５人の絆の歴史に関した映像をライブ構成の中に上手に取り入れて、嵐とファンの歴史をファンにたどってもらうのがお約束だ。

少なくとも、著者がライブに行き始めた２００７年の「SUMMER TOUR 2007 Time―コトバノチカラ―」という名前のついたツアーライブから２０２０年の最終ライブに至るまで、その「コミュニケーションの型」は一貫している。「僕らはこうして５人の絆を大切に、あなたたちと一緒に成長してきた」という歴史を映像でたどって見せ続ける。デビュー当時のまだ少年っぽさ満開の１９９９年からその時点までの嵐の歴史と成長をライブ中に、会場のファンと一緒に映像でたどるのである。

映像の見せ方は毎年新しい技術を使い、趣向を凝らして新鮮にしているし、時にファンを驚かせる演出とともに「5人で嵐」のメッセージが届けられる。5人の歴史のビジュアルも、東京ドーム内に飛ばした気球に映す、舞台全面を使ったウオータースクリーンに映すなどの演出も使って見せる。見せ方、映し方は違っても、伝えるメッセージやそれにつなげてほしい映像は、しっかり型化しており、ファンが見たい、心を揺さぶられる「5人の絆（5人で嵐）」と「ファンへの熱い思い（6人目の嵐）」が感じられるようにつくられている。

ライブに限らず、雑誌、テレビのバラエティー番組、ファンクラブの会報などファンとのタッチポイントを利用して、ストーリーとつながる映像を届けていく。歌を使ったシグネチャーストーリーの届け方もうまい。10周年記念に5人が作詞してつくった「5×10」という曲は、「5人で嵐」をテーマにしており、5人の言葉で10年の歴史と絆を語っている。20周年記念のライブ用には、「5×20」という5人それぞれのお互いとファンに対しての思いがあふれる曲をつくって、ストーリーをファンの心に届けた。ライブ会場でもこの曲を聞いて泣いているファンを多く見た。ファンの心と頭の中で、様々な場面で触れる映像や歌と、一貫した、思いのこもったストーリーが結びつき、さらに強いストーリーとなっていく。

ストーリーを伝えるとき、感情に響く映像と結びつけると、受け手の心や頭の中にしっかり根づいていくのだと感じた。自社ブランドのストーリーとその伝え方を設計するときや考えるとき、画像、映像、音楽、歌といった五感に訴える要素も組み合わせて、アーカー氏の言う、受け手の心の中に定着しやすいストーリーにしていくことが重要だと思う。

第3章

デジタル活用を「嵐」に学ぶ

デジタルマーケティングとトリプルメディアとは？

この章では、メンバーがファンとのコミュニケーションに「嵐」が持つデジタルメディアをどう活用していったのかを見ていきたいと思う。嵐のデジタル活用の例は、「これから自社メディアをより活発に使っていきたい」「顧客とより深くつながることにメディアを活用したい」と考えるコミュニケーション担当者に参考になる例だと思っている。

2020年にデジタル活用を始めるまで、嵐のインターネットでの情報発信源はジャニーズに所属する他のグループと同様に非常に限られており、主に次の2つのみであった。

1. Johnny's web：ジャニーズ事務所公式モバイルサイト。ジャニーズ所属のアーティスト全体をカバーする有料サービス
2. ファンクラブ会員専用のウェブサイト

嵐ファンは、限られた発信源から得られる情報を、ファン同士で伝え合いながら「アラシゴト」を実行していた。（前述した通り、アラシゴトは、嵐ファンが日々の生活の中で、嵐に関する活動をすることを指す言葉である）。

この後に詳細を説明するが、嵐は活動休止の約1年前から、YouTubeなどのSNSで公式アカウントを開設し、ファンに向けた直接的かつ活発なコミュニケーションを始めた。メジャーな各SNSに公式アカウントを持ち、メンバー自身が自由に発信し、自分たちで撮影した写真や動画も投稿し始めた。

個人的に驚いたことは、ファンがコメントを自由に書き込める、双方向のコミュニケーションチャネルとして始まったことである。ファンから嵐に直接メッセージを伝える手段が、ライブ会場でうちわを使って伝える以外に増えたのは、ファンとしてはうれしいことであったと思う。また、それまでは検索などで見つけないと読めなかったファンの感想を、SNSの投稿を見るだけで一気に読めるようになったことも魅力だろう。それも日本語だけでなく、世界各国からの書き込みが読めるため、世界中の嵐ファンの気持ちを知ることができ、国を越えて嵐への思いに共感することができるようになったのだ。

これはあくまでも推測であるが、嵐は休止に向かっているからこそ、自分たちの言葉を編集されることなく直接伝えられる場所、つまり自分たちのメディアを持つことを心から望んだのだろう。ファンと直接つながり、自分たちの言葉で思いを伝えたいという、強い思いと必要性があったのだと思う。20年間ファンのことを見続けてきた嵐は、熱量を持って応援してくれているファンが自分たちの活動休止に対してどのように悲しみ、戸惑い、混乱するかを誰よりも理解し、申し訳なく感じていたと推測する。そうしたファンのつらさを何とか軽減したい、２０２０年12月31日までの限られた時間でメンバー自身の言葉や映像を共有し、ファンと一緒に楽しみながら走り切りたいと願ったのだろう。こうしたファンへの思いが、彼らがデジタルメディアを最大限活用した理由だったのではないだろうか。

その当時のファンのＳＮＳでの投稿を見ていると、嵐の思いをおのおの解釈で受け止め、嵐と一緒に一気にデジタル活用を進めていったように感じる。個人的な話をすれば、遅ればせながら、私も嵐と一緒にデジタル化を進めた。何が面白いのかよくわからなかったTikTokに登録し、テレビを見る時間も限られているからと敬遠していたNetflixを契約し、音楽配信サービスにも登録した。これは他のファンも同様だったようで、「TikTok始めた」「Netflixを契約した」といった、ファンの書き込みが多く見られた。

ここで、嵐のデジタル活用とデジタルマーケティングについて検証していく前に、まず読者の皆さんと著者の理解にずれが生じないよう、前提を定義しておきたい。ここで、本書におけるデジタルマーケティングの定義と、本書で扱うデジタルマーケティングの領域について説明をする。

デジタルマーケティングとは何か？

ここでは最もシンプルでわかりやすい、デジタルマーケティングとは「デジタルメディアを活用してマーケティングをすることである」という定義を使いたい。デジタルは、ターゲットである消費者を絞ってリーチしやすい非常に効果的な手段だが、あくまでもマーケティングをするためのツールであることを忘れてはならない。

コミュニケーションの手法は、４大マスメディア（テレビ、ラジオ、新聞、雑誌）を使うかデジタルメディア（オンラインメディア）のどれを使うかによって異なるが、手法や利用媒体が違ってもマーケティングの目的は同じであることが多い。デジタル活用自体を目的とせずに、マーケティング本来の目的を考え、その目的を達成するために、デジタルを活用するかどうかを考えるべきである。

トリプルメディアと呼ばれる、3種類のデジタルメディアとは何か？

デジタルマーケティングは、「デジタルメディアを活用してマーケティングをすること」だと定義した。本書では、「デジタルメディアは3種類に分類される」とし、その3種類のメディアをトリプルメディアと呼ぶ。1つ目がオウンド（Owned）、2つ目がアーンド（Earned）、3つ目がペイド（Paid）である。まずは、この3つに分類されたメディアについて、簡単に説明したい。

1．オウンドメディア（Owned Media：所有メディア）
自社や自ブランドで100％コントロールできる、自社コンテンツ（自社が発信する内容を持つもの）を載せるメディアのことである。自社のホームページだけでなく、例えば、YouTube, Twitter, Instagramなど、SNSの自社公式アカウントで発信するものも自社コンテンツと見なされ、オウンドメディアに入る。

2．アーンドメディア（Earned Media：獲得メディア）
口コミなどの無料で獲得したメディア露出、すなわち「結果として獲得したメディア上の認知」がアーンドメディアである。例えば報道で言及されたり、ジャーナリストなどが記事を書いたりすることも含まれる。個人ブログへの掲載、SNSでの言及や拡散などもアーンドメディアとなり、デジタルメディアではこのように個人のユーザーやファンがニュースサイトやレビューにコメントや感想を書いてくれることが重要となる。例えば、嵐がテレビ番組に出演しているときに、ファンが自発的にSNSに投稿する感想や、その発信された様々なコメントがTwitterなどのSNSでシェアされ、拡散されたものもアーンドメディアと呼ばれる。

3. ペイドメディア（Paid Media：有料メディア）

その名の通り、費用をかけて広告を出稿するメディアのことを指す。自発的な記事ではなく、対価を支払って書いてもらっているコラムなどもこのペイドメディアに含まれる。ペイドメディアを利用することによって、オウンドメディアとアーンドメディアではリーチできない潜在ユーザーや休眠中の既存ユーザーなども含めて広く消費者に訴求し、何らかのアクションをとってもらうために利用することが多い。

ペイドメディア重視の戦略における課題とその乗り越え方

読者の皆さんの中には、コンバージョンを上げる目的でマーケティングを行っている方も多いだろう。実は正確に理解していないこともある「コンバージョン」の定義を、ここで簡単に説明したい。コンバージョンの直訳は、「変換」「転換」「転化」などになる。デジタルマーケティングではCVとも略され、目標としている特定のアクションに対して、ウェブサイトやアプリのユーザーなどの顧客や見込み顧客が起こした成果のことを表す。

新規顧客の獲得施策、アプリのダウンロード施策など、様々なデジタルマーケティング施策を実施する場合、その指標としてコンバージョンは重視されやすい。このコンバージョン重視のデジタル活動において著者が課題だと感じていることは次の2つである。

1. ペイドメディアの活用に集中しすぎていること
2. データだけを追いかけ、その先の「人」を忘れがちになることこの2つの意味と起きている事象などを、順に説明しよう。

課題1　データを利用したペイドメディアの活用に集中しすぎる

ペイドメディアの場合、基本的に自社の顧客以外のデータであるサードパーティーデータを使い、ターゲティングをして広告運用をすることが多い。また、日本においてデジタルマーケティング、あるいはデータを活用したマーケティングと言う場合、このペイドメディアを指して話されることが多い。運用やデータ分析に専門性を持つデジタルエージェンシー、もしくは社内のデジタル担当者が実施し、様々なトライアルをしながら、目標に向けて広告やマーケティング施策の最適化を目指す。実際にペイドメディアを扱っている担当者からときどき聞くのは、「デジタルマーケティングは消費者の意見を聞く必要はあまりない。データを分析すれば、どう行動しているかわかるから。仮説を基に様々な施策をつくり、実施し、修正していく」といった意見だ。ＰＤＣＡ、つまりPlan（計画）・Do（実行）・Check（評価）・Action（改善）を繰り返すことによって、業務を継続的に改善していく手法を使えば、消費者の気持ちを深く理解する必要はないという考え方である。効果測定の指標となるのはＫＰＩ（Key Performance Indicator）で、これは「重要経営指標」や「重要業績評価指数」と訳され、目標の達成度合いを計測・監視するための定量的な指標とされる。このＫＰＩに対する結果を見て、ペイドメディアを運用することがデジタルマーケティングの業務であることも多い。

しかし現在、ルールや環境が変化しているため、同じやり方でペイドメディアを活用していくことは難しくなりつつあり、まさに「今」立ち止まってデジタルマーケティングをどう進めていくか、中長期的戦略を考えるのにいいタイミングだと著者は考える。今後、消費者データの保護に関連する一連の規制が、ペイドメディアを大きく変化させていくと予想される。顧客以外のデータ、すなわちサードパーティーデータの管理と広告への利用を厳しくする規制が、米国やヨーロッパを中心に広がり始めている。関連する大きなニュースとして、消費者の行動をトラッキングしたりリターゲティングしたりするために使われていたCookie（クッキー）が、Google Chrome上で２０２２年に廃止されると報じられたことも大きな話題となった。

データ規制が厳しくなってきた２０１６年ごろから、米国やヨーロッパでは、デジタルマーケティングの大きなシフトが起こり始めた。大手企業は、ターゲティングするためのデータの売り買いや、サイトを訪問した一般消費者の情報をトラッキングすることが、情報提供に同意してもらわない限り、近い将来できなくなるだろうという状況をいち早く理解していた。そのうえで、マーケティングが重要と考える米国企業の多くは、消費者とのつながり方や新規のマーケティング戦略を考え始め、また具体的にデータの集め方やマーケティング手法を変え始めた。2021年現在の米国では、「自社の顧客と直接的なつながりをつくり、深めること」への重要度と関心が一気に上がってきており、様々な仕組みや施策が導入されている。同時に、オウンドメディアとアーンドメディアの効果的な使い方や顧客のコミュニティー化への関心も高まってきている。

顧客と直接つながることやオウンドメディア、アーンドメディアの活用へ関心が高まってきている理由は、データ規制の問題に加えてもう一つある。ペイドメディアのROI（Return On Investment：「投資利益率」や「投資収益率」と訳され、投資した資本に対し、どれだけの収益を上げることができたかを表す指標）が低下してきたのである。オンライン広告の重要度が年々増し、それと同時に広告コストも毎年上昇してきており、「デジタル広告は安くて効果的」という時代は、少なくとも米国では終了したと考えられている。

電通グループが2021年1月28日に発表した、メディアの媒体内訳予測が興味深い。世界レベルで見ると、2021年のオンライン広告は広告費全体の50％を超えると予測されている。オンライン広告が50%になれば、広告費の中心となるが、効果が出る優良な広告出稿先は限られているため、同じ場所に出稿する広告費の単価が当然上がる。

ペイドメディアであるオンライン広告のROIが低下してくると、広告ではないインフルエンサーマーケティングに費用を振り分けるのも一つの手段と考えられる。ところが、インフルエンサーマーケティングにも同様の問題が起き始めた。

インフルエンサーマーケティングに関しても特別な状況でない限り、コストが発生する。米国では、ペイドメディアのROIが低下し始めたと悩む広告主の多くが、インフルエンサーの活用を増やすことを検討した。そうすると広告主側からの注目と発注は増えるが、消費者が注目する優良なコンテンツを生むインフルエンサーの数は、注目度の増加と同じスピードでは増えない。インフルエンサーへの需要と供給のバランスが崩れたため、ペイドメディア同様にインフルエンサーを起用する単価が高騰したのである。

米国のインフルエンサーに関しては、もう一つの問題が発生していた。価格が高騰しただけでなく、インフルエンサーへの信頼度と効果の低下が起こったのである。特に2019年ごろから、フォロワー10万人以下のインフルエンサーの効果が低くなってきたという悩みを、米国の広告代理店で聞くようになった。インフルエンサーと呼ばれる人が増え続け、その存在に消費者が慣れてくると、特別感が薄まる。「その商品を良いと思っていなくても、メーカーから商品やお金をもらっているから薦めているのだろう」という見方も出てくる。加えて、あたかも広告ではないかのように投稿しているのに、実は広告だったというステマ（ステルスマーケティング）などの発覚が増えていることも、インフルエンサーに対する信頼度を落としている要因である。信頼度が低下すると、インフルエンサーが薦める商品やサービスを購入したいと思う消費者の数も減る。

このようにインフルエンサーマーケティングは価格が高騰し、かつ信頼度が低下しているため、大きな効果を出すことが難しくなってきた。もちろん、消費者が信頼するスーパーインフルエンサーへの興味は依然として高く、今でも強大な影響力を持つようだが、その数は少なく、プログラムに賛同してもらうことも難しい。

こうした兆しは、日本では見られないのだろうか。果たして、日本のデジタルマーケティングは世界の事情とは異なるのであろうか。

ここで、日本の広告費の内訳を見てみよう。宣伝会議が２０２１年3月12日に発表した

2020年度の広告費の内訳では、オンライン広告は4大マスメディア（テレビ、ラジオ、新聞、雑誌）とほぼ同額の2兆2000億円規模となり、総広告費の36・2％であったと試算している。米国には及ばないが、確実にオンライン広告の存在感とコストは年々上がってきている。

オンライン広告への出稿量が増えれば、日本でも広告費のROIが低下していく可能性は高く、その後インフルエンサーの活用に注力しても、米国同様の課題が発生すると予測できる。この米国で発生している問題を、日本企業のデジタルマーケティング担当者たちに話すと、「同じ傾向が見られる」というコメントをもらった。ペイドメディアやインフルエンサーマーケティングのROIの低下が、日本でも起こり始めていると考えられる。

加えて、個人情報に関する規制はグローバルルールであるため、その規制を順守することも重要である。日本だけで展開されるサービスであっても、Google ChromeのCookie廃止や、消費者データの利用やトラッキングへの規制が厳しくなっていくことを考えると、ペイドメディアのみを活用したデジタルマーケティングはますます難しくなっていくと予測される。そのため、今後は日本でもペイドメディア以外のメディア活用に、より真剣に向かう必要性が増す。

今、必要性が高まっているのは、第1章、第2章で読者の皆さんと一緒に見てきた、ブランディングとマーケティングの基本を、デジタルマーケティングに活用することである。自社顧客をしっかり見てニーズやインサイトを理解する、そのうえで消費者の心に届くマーケティング戦略をつくる。自社のオウンドメディアとアーンドメディアを積極的に活用し、自社顧客をコミュニティー化していくことが重要になっていくと思われる。

課題2
データだけを追いかけ、その先の「人」を忘れがちになること

インターネットとスマートフォンの普及によって、顧客は今までより多様な情報・メディアに接触し、検索から購入まで幅広く、自分の行動データを、主にデジタル上に残していくようになった。そのため、マーケターは膨大なデータを活用して顧客の属性と行動、嗜好を結びつけてトラッキングすることが可能になった。マーケティングの現場では、活用できるデータ量の増加と技術の進歩により、分析作業も検証できる仮説や施策の数も膨大になり、その作業に追われることが増えた。その結果、行動との相関関係がわかりやすい施策や収益につながりやすい施策、CPA（Cost Per Acquisition：「成果単価」や「顧客獲得単価」と訳され、1件のコンバージョンを獲得するためにかかった広告コスト）など

の獲得効率がいい施策に集中してしまう。つまり、データが多量にあってトラッキングできるからこそ、短期の相関関係や投資対効果を重要視しがちになる。短期的な効果を重要視して実施する施策は、短期のＫＰＩゴールを達成する、顕在化した顧客の獲得や予算の効率化だけには向いているが、中長期的な顧客との関係構築には貢献度が低い。

アプリをダウンロードしてくれればいい、１回だけ試しに購買してくれればいいという場合は、従来のマーケティングで問題ないだろう。しかし、中長期的に成功したいと思っているブランドや商品が、データだけをベースにしたマーケティングによって効率化を続けた場合、顧客の「好き」という気持ちや熱量を失っていく危険性を抱えている。ロイヤルティーの高いファンを育てるために必要な「顧客の気持ちの理解」、人としての顧客に向けた活動が含まれていないからである。当たり前のことだが、売り上げの数字やデータの先に存在するのは人であり、その人を動かしているのは、「気持ち」なのである。データを活用してデジタル施策を効率的に回すことを否定しているわけではない。人の行動の結果であるデータと、その行動を起こしている人の気持ちの両方を理解してマーケティングを実施することが重要なのだ。

デジタルマーケティングの手法が日本より進んでいる米国では、マーケティングのリーダーと尊敬されている企業が、消費者の気持ちの理解とデータ理解の両方が重要だということをそろって主張している。例えばプロクター・アンド・ギャンブル（P&G）。広告代理店として世界第2位の規模を持つオムニコムグループが、主にP&Gのためにデータを活用したマーケティング会社を設立したとき、その会社名を「Hearts & Science」と名付け、データサイエンスだけでなく消費者のハート（心）を理解することが重要だと主張した。大手消費財の社内マーケティング研修のテーマが、「Art and Science of Marketing（右脳と左脳を使ってマーケティングを実行する）」であったという話も聞いたことがある。データ分析に特化した会社からも「Men and Machine」（人間とデータ技術）という言葉でデータ活用に関して何が重要かの説明を受けた。人間理解とマシンラーニングやAI（人工知能）を使った自動分析の両方が重要だという意味である。こうした考え方から、米国では「Data Driven Marketing（データがドライブするマーケティング）」という言葉の代わりに、「Data Powered Marketing（データがパワーを与えるマーケティング）」というフレーズが使われるようになっている。日本においても、中長期的・継続的に効率よく施策を回していくことを考えたとき、人とその気持ちに向き合うことは、データ化が進む今だからこそ、さらに重要になると考える。

ここまで説明した2つの課題に対し、嵐のデジタル活用の例はマーケティングを支える顧客とのコミュニティー構築や、人を中心に据えたマーケティングという観点で参考になる示唆を含んでいる。マーケティングの魂は細部に宿る。ここからは、当事者が考え抜いて実行したからこそ成功したと言える嵐のデジタル活用の実例を通して、いかに人の気持ちを理解したうえで動かすことが重要か、そのために必要なことは何かを考えていきたい。

マーケティングを支える顧客とのコミュニティー構築

オウンドメディアとアーンドメディアが重要だと理屈ではわかっていても、そんなに簡単に実施できるわけではない。試行錯誤を繰り返している企業担当者も多いだろう。このオウンドメディアとアーンドメディアのチャネルを活用するには、顧客にとって魅力的な情報やコンテンツが必要となるからだ。

「そりゃ国民的アイドルの嵐だったら、発信するすべてが魅力的なコンテンツになるし、コミュニティーをつくるのも簡単だよね」と思う読者の方も多いのではなかろうか。しかし、ここで言う「魅力的なコンテンツ」とは、広く一般的にバズったり、拡散されるコンテンツだけを指すわけではない。あくまでファン（自社顧客）や自社に興味を持ちそうな人たち（見込み顧客）に伝わり、喜んでもらえるコンテンツのことを意味する。魅力的なコンテンツづくりでは、自社顧客と見込み顧客の気持ちや興味、嗜好に合ったコンテンツをつくり、その人たちに効率よく届けることが重要となる。

自社顧客と見込み顧客にとって魅力的であり、喜ばれているようなコンテンツをインターネット上で見つけることがある。メーカーや流通自らが発信している情報であっても、顧客が自発的に発信している口コミなどであっても、伝えたい相手が誰かを意識してしてつくられたものほど、受け手がその情報に触れたときの熱量は高くなることが多い。マーケターの中には、そうしたコンテンツはエンターテインメント、アニメ、ゲームの領域などに限られているのではないかと思われる方もいると思う。しかし、様々なオンラインチャネルでコンテンツを見ていると、どんな領域であっても「特別に興味を持った対象者」向けのコンテンツは、実は数多く存在する。さらに、そのようなニッチなコンテンツは、年々増加してきている印象を持つ。嵐のようにファンの熱量が高く、ファン同士がつながりコミュニティー化することは、一般的かつ重要なマーケティングの要素になってきていると感じている。

具体的な例を挙げるならば、著者が日常生活の中で目にするものだけでも、文房具、美容、手芸、１００円均一ショップ、電化製品、インテリア、ＤＩＹといった幅広い領域に

図6／魅力的なコンテンツは、
顧客間の拡散やコミュニティー化を助ける

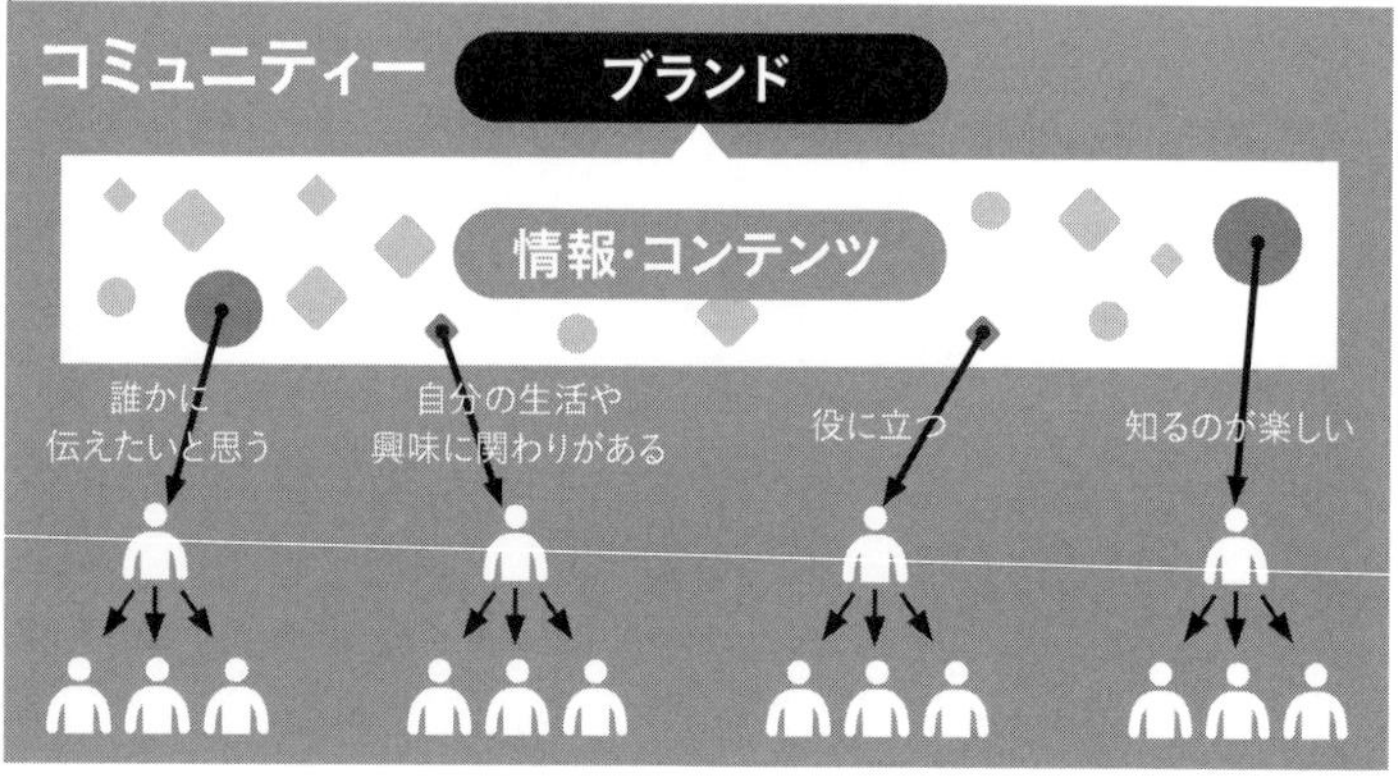

おいて、特別に興味を持った人たち向けのコンテンツに出合う機会が増えていて、オンラインメディア上でこれらの領域に興味を持つ人向けのコンテンツやファン同士の情報交換を見かけることが増えてきた。

個人的に面白いと思った例は、カルディコーヒーファームに関するコンテンツやSNSのコミュニティーサイトである。カルディファンにとって役立つコンテンツとは、カルディが発信する情報のみならずファン自らが発信する情報であり、他のファンのコメントを多数集めたり、拡散されたりする。カルディで「カルパト（カルディの店舗内をパトロールすること）」をするファンが、どんな商品をどの店舗で見つけたかという情報や、カルディで人気の調味料を使っての調理レシピ&食べ方の情報などをSNSに投稿する。カルディファンが届けてくれるコンテンツは、著者自身のカルディでの買い物頻度と購入品目に大きな影響を与え、毎日チェックしたくなる魅力ある内容だ。カルディで頻繁に買い物をする人たち以外には、全く興味を持たれないコンテンツかもしれないが、だからこそ参加するファンたちの共感度は高く、熱量のあるコミュニティーと化している。

こうしたコミュニティー化が起こっているケースに共通するのが、そこで見つけるコンテンツや情報に関して、「知るのが楽しい」「役に立つ」「自分の生活や興味に関わりがある」「誰かに伝えたいと思う」という要素があることだと思う。顧客の興味をより深めるような優良コンテンツで自社顧客とつながることは、中長期的にブランドや商品を強化する。

自社のブランドや商品と顧客とのつながりの深さは、企業価値にも反映される。米国での事例を見ると、オートバイのハーレーダビッドソン、ナイキ、テスラ、化粧品のグロッシアーなどが、顧客・ファンコミュニティーとの強いつながりを持つ例として挙げられる。サードパーティーデータやデジタル広告の活用が難しくなっていくタイミングだからこそ、自社の顧客や見込み顧客たちと直接にコンテンツを通してつながれることは、企業価値を上げる要因となる。

先に列記した企業例からいくつか見てみよう。米国で人気の化粧品ブランドであるグロッシアーは、たったの36商品のラインアップで年間110億円をオンライン上で売り上げている。2019年3月時点の企業評価額は約1300億円となっているが、ファンをコミュニティー化して深くつながっていることが、この企業評価額に大きく寄与しているとみられている。トヨタ自動車の時価総額を抜いたテスラの評価額には、EV（電気自動車）に対する技術の評価だけではなく、テスラファンの強力なコミュニティーやテスラオーナーがテスラを薦めてくれて広告やプロモーション無しに車が売れていく、「ゼロマーケティングダラー」と呼ばれる仕組みや現象が寄与している。マーケティング投資ゼロは誇張かもしれないが、それだけテスラ顧客の口コミの力（コトラーの5A理論でいうところのAdvocate、いわゆる推奨）が効果的だというのがテスラの主張だ。

このように顧客の愛情の深さと顧客コミュニティーの強靱（きょうじん）さが、会社の評価額を支える時代になってきているのである。

細部まで嵐らしい、オウンド・アーンドメディア活用

ここからは、嵐がオウンドメディアとアーンドメディアをどう活用し、ファンと深くつながっていったのか、その実例を深掘りしていく。国民的アイドルである嵐だからできたのだと決めつけるのではなく、自社の顧客との絆や顧客同士の絆を深めるために嵐の活動から学んだ示唆を使えないか、という視点で読んでいただけたらと思う。

嵐のデジタル活動のスタート
バズる「山」を3つのタイミングでつくった

嵐は活動休止まで残り約1年となった時点で、SNSを中心としたデジタルチャネルの活用を開始した。嵐自身がSNSを情報伝達に効果的なメディアとして活用できる規模まで、どうやってフォロワーを短期間で増やすことができたのだろうか。すべてのSNSを同時にフルスピードで始めたわけではなく、ファンの間で盛り上がるコミュニケーションの

図7／嵐は3回、コミュニケーションの「山」をつくり、SNSに本格参入した

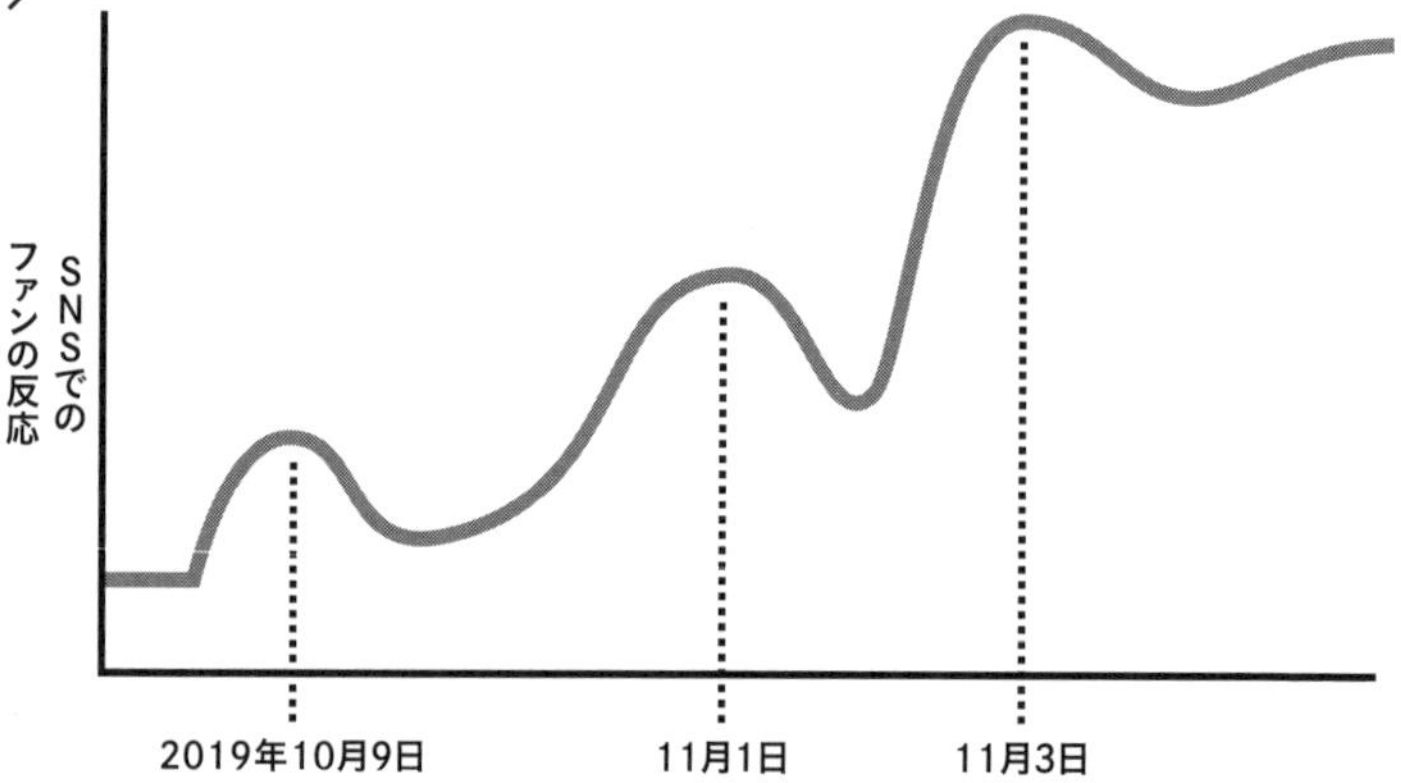

「山」をいくつかつくっていきながら、SNSを規模感のある自社メディア（オウンドメディア）に育てていった、嵐のデジタル開始時期に実施した活動をまず見てみよう。

デジタルチャネルへ本格参入する3週間前の2019年10月9日、まずは「嵐もデジタルチャネルを使うよ」と見せるかのように、小規模な導入から始め、ファンを大きく驚かせた。というのも、ジャニーズ事務所としてはデジタル活用をすること自体が画期的な動きであり、売り上げトップの嵐がデジタルチャネルを始めるとは想像していなかったからである。

序章的なデジタル導入として、小規模にスタートしたことは2つある。1つはYouTube

に嵐の公式チャンネルを持つこと、もう1つは音楽配信をスタートすることであった。一般的なデジタル活用の話であり、何が珍しいのだろうと思われるかもしれないが、この2つを嵐が始めたことは、ファンにとっては大きな驚きであった。CDデビューしたジャニーズグループはYouTubeの公式チャンネルを誰も持っていなかったし、音楽配信もジャニーズ初となった。

新しく開設したYouTube公式チャンネルに、嵐自身のMV（ミュージックビデオ）をアップしたこともファンを驚かせた。アップしたのはデビュー曲「A・RA・SHI」に加え、「Love so sweet」「Happiness」「truth」「Monster」の5曲。どれもライブの「鉄板」となる人気曲で作品としての評判も高い、ファンが見たいと思うMVであった。YouTubeに動画を上げるのと同時に、ジャニーズのグループとして初めて、同5曲の音楽配信をスタートした。Spotify, Apple Music, Amazon Music Prime, YouTube Music, LINE MUSICなど、各種ストリーミングで、初めて嵐の曲を聴けるようになったのである。

「YouTubeチャンネル開設おめでとう！　MVありがとう」「配信で嵐の曲が聴けるなんて！」といった内容のコメントがSNSに並んだ。この2つのデジタル参入だけで、嵐ファンにとっては、ファン同士で語り合い、トレンドに上がるバズり方をするのに十分なニュースバリューがあったのである。

この嵐が実行した施策を見て、お試し的なデジタル導入には2つの大きなメリットがあると感じた。1つ目は、顧客がデジタル化について行きやすいこと。リアル中心のサービスにデジタルを取り入れるとき、序章的なステップがあると顧客が取り残されずに済む。大規模展開を始める前に、「これからデジタル化を進めますよ。きっと気に入ってもらえますよ」といった、顧客との対話的なコミュニケーション期間を設けることがポイントだ。嵐の場合、デジタルを活用することにファンの気持ちを慣らしてから、次の本格導入に入ったのだと思われ、そこにファンの気持ちを第一に考える嵐らしさが出ていた。

2つ目は、顧客間でつながりやすい、バズる「山」がいくつかつくれること。ファンや顧客が「つぶやきたい」「伝えたい」「語りたい」と思うタイミングを本格参入の前にいくつかつくることができると、顧客以外の人たちの目にも留まりやすくなる。

嵐が実施したように、お試し期間となる序章的な参入、この後に述べる本格参入の予告、そして本格参入といったように、コンテンツや情報を出していく順番やタイミングを詳細に計画することが大切だと思う。ファンが語りたくなる、伝えたくなるニュースをいくつかのタイミングに分けて、情報を届けたい相手の反応を見ながらリリースし、必要ならば変更することができる。

一気に広げた本格参入の手法のうまさ

アーンドメディアとしての実力を見せた2019年11月3日

2019年10月9日の小規模参入から3週間後、「第2の山」がつくられた。嵐がデジタルに本格参入する2日前の2019年11月1日、ある「予告」が嵐のYouTube公式チャンネルに投稿された。「20年の時を経て、もっと近くへ、新しい世界を、ともに描こう！〝何か〟が起きる。2019・11・3」（YouTube動画中の文より）というメッセージとともに、11月3日午前11時30分より嵐のYouTube公式チャンネルで生配信が行われることが告知された。その日はデビュー20周年記念日であり、ファンのワクワク感を最大限にあおる、うまい日程選定とその伝え方である。嵐のYouTubeを使った生配信自体も初めてなので、配信の告知自体にニュースバリューもあった。この予告により、Twitterをはじめとする SNSはファンのコメントで沸き、「いったい何が発表されるのだろう！」とファン同士がが予想し合い、「第2の山」がつくられた。

そして「第3の山」となるデジタルの本格導入は、11月3日、YouTubeにおける生配信で始まった。生配信は50万人を超える視聴者数で始まり、約18分という短い配信時間にもかかわらず、ピーク時には78万人も同時に視聴していたと、ファンのブログで騒がれていた。

18分の生配信は、まず嵐のメンバーが一人ずつ、20周年を迎えた喜び、そして嵐を支えてくれたファンたちへの感謝の気持ちを自分の言葉で伝えることから始まった。その後、嵐のデジタル活用に関する大きなニュースを2つ発表した。1つ目は、それまでに発表した全シングル曲と新曲「Turning Up」の配信をスタートすること。もう1つは、各種SNSで嵐のアカウントを開設することだった。音楽配信に関しては、5曲だった楽曲数が一気に65曲まで増えることとなり、新曲「Turning Up」はデジタル配信限定という、ファンにとっては驚きの連続となる発表だった。

大きな発表はこの2つであったものの、生配信が終わった後も続いた嵐メンバーが届けるサプライズの数々に、ファンは1日中翻弄させられ、エキサイティングなデビュー20周年記念日を過ごした。例えば告知なしでゲリラ的にInstagramライブが同日午後7時から実施され、気がついたファンが一斉に慌てて拡散し、それを見た別のファンが次々とライブ配信に参加するという、リアルタイム感満載のイベントとなった。ファンと嵐の間での双方向のコミュニケーションも試された。同日午後8時30分ごろから、嵐メンバーがYouTubeライブのチャットに参加。「嵐とYouTubeでチャットできる！」という初めての試みに感動したコメントが多数上げられ、一気に拡散された。

ファンの誰かが気がつけば、他のファンのために伝えたいと思うのが、いわゆる嵐ファンである。ニュースや今実施されているイベントが瞬時に拡散され、コメントを投稿し続けるファンのおかげでTwitterは「嵐祭り状態」となり、トレンドに上がり続けた。嵐ファン以外もそうしたつぶやきを目にしたり、トレンドで見て嵐の活動に注目したりする。嵐のアーンドメディアとしての実力を見せた1日でもあった。

このようにして嵐のデジタル活用は本格的に始まったが、ここで嵐のデジタル活用の目的について考えてみたい。

達成したかった3つのこと

ここまで繰り返し説明してきたが、ファンは嵐というグループの重要なメンバーの一員であり、嵐をつくっていく「6人目の嵐」だ。活動休止に向かう厳しい時期を、「5人で嵐+6人目の嵐」で一緒に、同じ方向を見て進んで行くことをサポートする効果的なツールとしてデジタルを活用しようとしたのだと著者は考える。ファンに悲しいニュースを届けることがわかっているからこそ、嵐は次の3つの「達成したいこと」を目的として、一連のデジタル活用を始めたのだろう。

達成したいことの1つ目は、先述したように、嵐自身の言葉でファンに思いを直接伝え続けることであったと思う。それまでも雑誌やテレビなどのインタビューで、ファンに思いを伝えていた。しかし、それらのメディアでは彼らの言葉は編集され、またそのつくり手の理解や思いが編集に反映される。編集が入ることなく自分たちが本当に感じていることやリアルタイムで思っていることを、伝えたいタイミングで直接ファンに届けたいという強い思いがあったのだと思う。活動休止までの残り約1年間、ファンたちが一般メディアを通して様々な情報に触れたり、ファンの間で多様な憶測や意見が語られたりすることは想像がついた。だからこそ、嵐自身が直接ファンに、自分たちの言葉や姿を伝え続ける必要を感じていたのだと思う。

2つ目は、デジタルを活用して、嵐がつくる楽しいコンテンツを届けたかったのだと推測する。嵐の発信するコンテンツを見て、ファンが楽しいと感じる幸せな時間を、日常生活の中で持ってほしいと願ったのだと思う。

そして3つ目は、ファン同士が嵐のコンテンツを通してつながり、一緒に楽しむことを促進することであったと思う。コンテンツがファン同士のコミュニケーションのきっかけになってほしい。つながりやコミュニケーションを頻繁にして、楽しい時間を増やしてほしいと願ったのだろう。

嵐のデジタル活用から学べる5つのポイント

活動休止までのデジタル活用をそのファンの反応とともに細かに追っていて、嵐が成し遂げたいと思ったであろう3つの目的が達成されたと著者は確信している。

3つの目的が達成されたとすると、嵐のデジタル活動は「成功」であったといえる。その成功を、著者の視点から分析すると、5つのポイントが成功の要因として見えてきた。嵐のデジタル活動の詳細を5つの成功要因で理解することは、オウンドメディアとアーンドメディアを活用したい、顧客の心を動かすデジタルコンテンツを届けたい、と思っているマーケターの方たちにとっても参考になるはずだ。

プログラムの細かなところまで気持ちを込めて、手を抜かず、やり切ることが重要であり、その〝やり切り〟を見せてくれた嵐の具体的な実例から学べることは多いと著者は考える。

ポイント1

顧客のために、本気でデジタルを活用する覚悟や想いを示す

「覚悟」という言葉を使うと精神論のように聞こえるかもしれないが、嵐のマーケティング活動を追っていると、そうした「本気でやる、やり切るという覚悟」を感じることがよくある。マーケティングに関わる立場として、「そこまでやりますか」と舌を巻く感覚である。コンテンツを主体としたデジタルの活用も、忙しいという言い訳をせず、本気でやり

切っていた。

嵐が2019年10月9日にデジタル活用を始めたとき、ファンは喜びつつも、どれくらい本気でやるつもりなのだろうと半信半疑だった部分があったと思う。活動休止まで約1年しかなく、ジャニーズ事務所の方針なのかどうかはわからないが、今までデジタルを活用してきたとは言えず、本当に活発に利用するのだろうかと疑問に思う人も多かっただろう。さらには、10代から80代まで幅広い年齢層のファンに支えられているグループであるため、すべてのファンがデジタル化を求めていたわけではなかったのも事実である。デジタルが苦手で、リアル中心の限られた情報源からのコミュニケーションで満足していたファンも一定数存在していただろう。デジタル難民になる可能性のあるファンを置き去りにせず、一緒に巻き込んで進んでいくには、「嵐の覚悟」を感じてもらうことが鍵であったと思われる。「ファンのより良い体験のために本気で変化したい」という嵐の思いと、ファンは嵐の一部であって変化を共創するメンバーの一員であることを理解してもらうために、ファンに「我が事」としてデジタル化を受け止めてもらう必要があった。

その覚悟をファンに示すために一番重要かつ効果的だったことは、嵐がコンテンツ作成の主体であることを示したことだ。活動休止に向かって加速度的に忙しくなっているメンバーが、限られた自分たちの時間を使う。事務所や広告代理店に任せるのではなく、「嵐自らが企画し、ファンのために作成している」ことを示した。こうした覚悟を見せ続けたことが、ファンの理解を得ていったのだと思う。

実際にデジタルプログラムを実行する場面を考えてみたとき、プログラムを提供する側の覚悟が見えるかどうかを、実は多くの顧客が感じ取っているのではないかと考える。大事なことは、いかに顧客のニーズやメリットをとことん考え、顧客のために本気で自分のプロジェクトとしてやり抜いているかどうかだ。そして、その真摯に向き合う思いや覚悟が顧客にしっかり伝わると、顧客との関係は強くなり、深い信頼につながるのだ。

ポイント2
顧客の気持ちをより細かく理解する

ブランディングやマーケティングの章でも説明したが、対象となる顧客を深く理解し続けることは、非常に重要である。嵐の活動からは「デジタルとリアルのすべての接点を使って、ファンを深く理解しよう」としている姿勢を感じる。デジタルメディアでファンと直接つながるようになり、以前にも増して理解が深まっている印象も受けた。

デジタル活用がスタートする以前から、嵐はファンに向き合い、理解しようと努力しているグループであった。20年間の活動の中で、ファンの気持ちや行動の理解を深めるために様々な接点を持ち続けてきた。毎年数十万人のファンが参加するライブでは、自分たちの動き一つ一つに対してファンがどんな反応をするかを見ていただろうし、ライブやテレビ番組に対してオンラインで投稿されるコメントなどもチェックしていたようだ。こうしたファンとのタッチポイントで積み上げた理解や知識をベースに、嵐はデジタル活用を始めた。そして、デジタルメディアで直接つながることによって、さらにファンへの理解を深めていったのだと思う。リアルな接点で積み上げてきた理解と、その後に活用し始めたデジタルとの融合で、総合的にファンをより深く理解し、ファンが喜ぶ、求めるコンテンツを提供していったのである。

第1章でも述べたが、「メンバー5人の素顔やわちゃわちゃした関係性」を見たいと思う嵐ファンは多い。ファンが求める「嵐の関係性や素顔のコンテンツ」を人に任せず、嵐自らが企画・作成したことが、嵐のSNSコンテンツの人気が高かった理由であると思う。「わちゃわちゃ感」と言葉で言っても、いったい嵐のどんな姿が見たいのか、ファンが喜ぶような素の姿とは何なのか、その細かで絶妙な勘所を一番理解していた嵐自身がコンテンツをつくったからこそ、喜ばれていたのである。

２０１９年11月10日、11日に嵐がアジア４都市を回っていたときも、メンバーが交代でファンに向かってしゃべりながら自撮りしたり、お互いを撮影し合ったりした動画が、リアルタイムにInstagramに投稿されていった。ファンが嵐と一緒に旅している気分になれる、そんなリアルタイム性を重要視したと考える。

特に素顔の５人の関係性を見たかったファンが喜んだのは、メンバー自身が移動中の機内などで撮影した、「素」が表れている動画だった。機内での食事の様子、乾杯、疲れて寝込んでいる大野と各メンバーが写真を撮って遊んでいる様子……。先に仮眠したため、その後に１人で食事をとることになった大野が、寝ている４人を起こさないようにスマホのライトで照らしながら食事をしている場面が一番ファンに喜ばれ、Ｔwitterでバズっていった。

ファンに対する理解をベースにつくられたコンテンツは、「嵐が出したコンテンツ」だから拡散されるのではなく、ファンが求める、楽しめるコンテンツだからこそファンに高く評価され、コメントとともにＴwitterなどを通じて拡散されていった。マーケティングの成功のためには、自社顧客の深い理解が重要な鍵となるのである。

このように嵐の事例からわかる顧客理解の大切さは、自社のコンテンツをつくるときにも当てはまる。コンテンツを作成する際、リアルとデジタルを通じて総合的に顧客の情報を得て、なるべく深く理解したうえで、気持ちに沿ったコンテンツを作成することにより、心に響くコンテンツを提供することができる。さらに、そういったコンテンツによって、理解したいと思って顧客に向き合っているという「思いや姿勢」が伝わり、関係性はさらに深まる。「自分たちが見たいものを理解してくれたうえで、喜ばせようとしてくれている」と感じると、感謝の気持ちも生まれ、ロイヤルティーという名前の愛は深まっていくのであると思う。

ポイント3
ファンによる発信・拡散・つながり方を理解し、コンテンツを企画する

米国では、デジタルのペイドメディア広告やインフルエンサーマーケティングなど、デジタルマーケティングに関するROIの低下が始まっていると先に述べた。顧客自身が発信することも大事な要素であり、アーンドメディアが重要だという話も書いたが、読者の方によっては「それはわかったけれど、バズって顧客が自発的に発信し始めるようなコンテンツって、どこでどんなふうに発信したらいいのかわからない」「TikTokでバズるに

はどうしたらいいかわからない」といった悩みをお持ちかもしれない。コトラー氏を含め、マーケティングの大御所たちも、顧客が自発的に発するコンテンツが重要で効果的とは言うが、それを実行するためのフレームワークややり方を具体的には提示してはくれない。

顧客がそのコンテンツを「面白い」「誰かに伝えたい」と思って拡散したり、自分の言葉で書き換えて発信したりするためには、どのような準備と設計が必要なのか。

嵐は、ファン同士がどのようにつながり、どうやって情報伝達をするかを熟知していたと著者は確信している。例えば、ライブのMCの際に、「ファンの皆さんがTwitterで、××とつぶやいてくれた」などのコメントをすることがよくあり、「嵐は私たちのコメントを読んでくれている」とファン側も理解していたようだ。

著者は、嵐ファンがSNSを活用して積極的に助け合う活動を、感心しながら見てきた。嵐のデジタル活用がスタートするかなり前の、mixiが人気だった時代から、嵐ファン同士はつながり、情報共有をして助け合ってきた。mixiからTwitterへと利用するSNSは変化したが、嵐ファンは、嵐に関する活動（アラシゴト）をするために必要な情報のほとんどを探し、分析し、まとめ、拡散するという仕組みを自主的につくり上げていた。「グッズを買いに行きたい」と思えば、グッズの写真、買った感想などの情報の他に、リアルタイムな情報としてグッズの列の待ち時間、売り切れ速報などが5分遅れ程度のタイムラグでチェックできた。他のファンがリアルタイムにアップデートする情報を活用し、自分もグッズ列で発見した情報を加えていく、運営主がいない助け合いの仕組みが存在していた。

嵐がSNSの活用を始めたとき、嵐はファン同士が既に確立していたTwitterの活用方法を理解しており、基本的な使い方を変えずに済むように考慮したと著者は想像している。例えば、「感動した」「こんな情報があった」ということをファン同士がどう伝え合うかや、嵐ファンの共通言語や省略語、ハッシュタグの付け方などの細かい部分まで理解していたようだ。ファン特有の言葉の使い方やSNSの使い方に寄り添って、嵐としての公式SNS活用を始めたように思う。同時に、新しいファンでも嵐の公式なSNSを楽しめるようにしようと考えていたと思われる。

公式チャンネルスタート前から、発信する情報が統合的に、嵐ファン共通の情報交換メディアとして使われていたTwitterを、嵐の公式チャンネルでもSNSを統括してつなげる、「コア」「軸」として設計したように思う。公式なアナウンスが他のSNSに投稿されても、必ずTwitterにも投稿された。例えば、配信ライブ前の注意事項なども投稿され、

Twitter上で拡散されていく。すべてのSNS公式アカウントを追いかける時間がなかったり、使いこなせていなかったりしても、Twitterさえチェックしていれば、嵐の情報が入ってくるようにSNSが設計されていた。

嵐ファンのハッシュタグ活用は、ファン同士がつながる目的だけでなく、嵐へ思いを伝える手段としても使われていた。例えば、嵐の国立競技場での録画ライブ「アラフェス2020」の後には、ファンがハッシュタグ「#アラフェス2020」を使うことで、多量のライブの感想を他のファンが探しやすくしていた。ポジティブな感想がもちろん多かったが、「ここを改善してほしい」「こんなライブが見たい」などの要望も上げられていた。それを嵐のメンバー、特にライブのプロデュースを担当している松本は細かく見ていたらしい。メンバーが、ファンの意見を見ていることを機会あるたびに伝えるため、ファンも自分の気持ちを伝えようというモチベーションが上がる。「メンバーにも伝わっている」という認識が、ファン自身が発信して拡散するアーンドメディアをさらに活発化していたと感じる。2020年大みそかのラストライブ「This is 嵐 LIVE 2020・12・31」では、様々な初めての試みが行われたが、その一部にはTwitterにファンが上げた要望を反映したようだ。最後までファンの意見や反応をSNSを通じて理解し、ライブに意見を反映しながら改善していったその姿勢は、ファンが真に喜ぶマーケティングを考えるときに参考になるだろう。

前述したが、嵐はTwitterを自分たちの情報発信メディアとしてだけではなく、ファン同士がつながって交流するメディア、ファンが嵐に意見を届けるメディアと決めて、SNSの使い方を設計していたように思う。Twitterを、発信する情報をつなげる、ファン同士をつなげる、SNS戦略のコアとし、YouTube, Instagram, TikTok, Weiboを用途別にコンテンツを配信する場所として、メディア特性に合わせてSNSを使い分けていた。

事例として嵐を用いているが、読者の皆さんに参考にしてほしいのは、嵐が自分たちのファンにとって一番つながりやすい、情報を収集しやすいようにSNSの設計、活用を考えたという点である。自社のSNSの戦略や役割設定をするとき、まず、顧客の現在のSNSの嗜好や使い方を観察、理解することを考慮してみていただければと思う。

ポイント4
各SNSの特性を生かすコンテンツを作成する

複数のSNSに公式アカウントを持つ場合、各SNSの特性に合わせてコンテンツをつくらず、同じコンテンツを編集しただけで使い回しがちである。電車の中のデジタル広告、屋外のデジタルメディアなども、同じ動画の長さを変えただけで使い回したりする。コンテンツを作成、管理する効率性からは理解できるが、視聴する消費者に対して魅力的にすることが目的と考えると、最適ではない場合もある。

ポイント2でも説明したが、嵐のデジタル活用で感心するのは、各チャネルの特性とファンの求める内容を理解して、コンテンツをつくり分けていたことである。嵐のコンテンツの使い分けを見ると、各SNSの特性ごとにどのようなコンテンツを発信すればファンに喜ばれるのか、そのルールが理解できる。各メディアの特性に合わせてコンテンツを企画する手法は、オウンドメディアのコンテンツを企画する方の参考になると感じたので、ここで少し説明したい。

まずは、嵐の動画の出し分け方を見てみよう。嵐が動画を上げていたSNSとは、YouTubeに加え、TikTok, Instagramが中心となっていた。この3つのSNSに動画を上げるとき、同じ素材の尺を変えて編集しただけのようなコンテンツは使わない。テーマは同じであっても、別々の動画をSNSの特性に合わせて作成、加工し、出し分けた。SNS別に投稿された動画コンテンツの違いを、まずYouTubeとTikTokを例にとって見てみよう。

YouTubeとTikTokという2つのプラットフォームでは、視聴者が求める動画の特性が違う。YouTubeでは、「時間をかけて見てもらいたい、メッセージ性のある動画」が求められ、TikTokでは「見た瞬間にパッと面白さがわかり、誰かにすぐ教えたくなる動画」が求められる。

嵐のYouTube公式チャンネルでは、MVや過去のライブ動画、コロナ禍における正しい手洗い方法の動画など、ファンにじっくり見てもらうための動画が多く投稿された。一方、比較的若い年齢層のユーザーが多く、中高生の利用率も高いTikTokでは、最後にオチがついていたり、手品をやってみたりと、話題になりやすく遊び要素が多い、短時間で見られる動画が多く投稿された。また、コンテンツの中身だけではなく、投稿の仕方にも特徴があった。YouTubeよりも、TikTokの方がメディアとして拡散性が高い。スマホアプリを開いてすぐ、ホーム画面上で動画が再生されていくのだが、この再生される動画は必ずしもフォロワーが多いアカウントが投稿しているものというわけではなく、独自のアルゴリズムを用いて決定されている。この特性により、たとえフォロワーが少なくても拡散されやすいSNSだといわれている。嵐の場合はフォロワーが少ないということはなかったが、それでもその拡散性の良さを存分に活用していた。

２０２０年7月24日に配信のみでリリースされた「IN THE SUMMER」という曲がある。リリースと同時に、YouTubeではその曲の世界観や5人のダンスが堪能できるMVの配信も開始されたが、TikTokでは単に短くした動画が投稿されたのではなく、その特性に合わせて新しくつくられた、短い動画が公開された。TikTokに投稿されたのは5人のダンス動画だけではなく、メンバー5人が1人ずつ踊っている動画や、２人もしくは３人などのメンバーの組み合わせで踊っている動画などだった。中でも特に、ライブでしかほぼ見ることができない「メンバーの組み合わせ」動画はファンの関心と人気が高く、投稿されるたびに話題になっていた。

短い動画だからこそできるこのようなバージョン展開は、TikTokの特性を生かし、かつファンの見たいと思う内容を提供できていたため、広く視聴されたのに加え、拡散性の高いコンテンツだったと考える。TikTokに投稿できる動画の上限は60秒だが、30秒程度の短い動画を1つの曲という同じテーマの中で何種類も撮影し、それを何日間かに分けて少しずつ投稿していった。そうすることで、自然とTikTokユーザーの目に触れる回数は多くなる。

また、ハッシュタグも有効に活用していた。TikTokはもともとTwitterで拡散されやすい仕様になっているが、嵐の場合も新しいコンテンツが投稿されるたびに必ずファンの間で話題になり、Twitterトレンドの上位に上がっていた。嵐がTikTokに投稿する動画には必ずハッシュタグがつけられていたので、ファンが同じハッシュタグをつけてTwitterで拡散すると自然に関連ツイート数が多くなり、トレンドに上がりやすくなるという構図だった。加えて、Twitterで拡散されるだけでなく、TikTok内でもこのハッシュタグによる拡散が行われていた。嵐が踊っている動画では、最後に「踊ってね！」とメンバー自身からコメントされていたため、ファンが「踊ってみた動画」を投稿する心理的ハードルが低かった。その「踊ってみた動画」にも必ず共通のハッシュタグがつけられ、それがどんどん拡散され、さらに元の動画の人気も出るという好循環があった。

前述したように、嵐はInstagramも動画プラットフォームとして活用していた。Instagramに動画を投稿する手段として、大きくは「ストーリーズ」と「フィード」を利用していたが、特にストーリーズには、リアルタイム性が重要なコンテンツを多く投稿していた。前述した、アジア4都市を回るツアー中の動画も、リアルタイム性を重視してストーリーズに投稿されていた。

2020年3月1日には「学校が休校になっている小中学生が楽しくおうち時間を過ご

せるようにしたい」とメンバーたち自ら決断した、ほぼ告知なしのインスタライブが配信された。例えば2回目のインスタライブでは、嵐5人が「嵐カルタ」（嵐が企画・作成し、ライブでグッズとして販売されたカルタ）で遊ぶという、楽屋風景をのぞき見しているような非常にゆるいコンテンツが配信された。インスタライブでの発信は十分に企画をしていなくても、自然な、ゆるく素を見せるような企画でいいという共通理解をファンも嵐も持っていたように思う。その配信では、ファンのコメントを読みながら嵐が返答したり、書き込まれた要望に応えたりと、双方向性のコミュニケーションが楽しめた。「嵐5人の写真を撮りたい」というファンの要望がコメントとして届くと、スクリーンショットを撮るため、5人でポーズする時間をつくったりもし、「私たちの希望を聞いてくれた」とファンが喜ぶ対応をしていた。

まるでプライベートの時間かのような「オフ」な印象で配信しながら、嵐とつながった時間を一緒に過ごしたいというファンの気持ちに寄り添う内容にしていた。この突発的に実施された嵐のインスタライブは、ファンの拡散によって多数が参加するイベントになった。ほとんど告知なしに始まった配信だったが、たまたま気がついたファンが瞬時に拡散し、始まって数分で30万人の視聴者が集まっていたのには驚きである。

嵐は各SNSのメディア特性やファンの行動を理解したうえで、最適と思われるコンテンツを細部にまでこだわって提供していた。嵐のデジタル活用が効果的であったのは、こうした努力があったからだと著者は思っている。

ポイント5
デジタルや新技術で、より楽しく、よりつながる体験を提供する

嵐のデジタル活用の目的の一つは、ファンがより楽しくなることだと前述した。嵐はデジタル活用を始める前、リアルメディアのみでコンテンツを発信していたときにも、「ファンに楽しんでもらう」、という姿勢を一貫して見せてきた。

嵐がデジタルを含めた最新技術を導入するとき、次のような順番で考えて導入の決断をしていたと、著者はみている。

1．ファンがより楽しめるために、既存の技術やメディアでできることが何かを考える
2．そのうえで、デジタルや最新技術でなければできないこと、ファンに楽しんでもらう技術活用を考える

3．実際にデジタル、新技術を導入し、実施した結果、ファンがより楽しめているかを見て継続の方向性を判断する（継続するか、調整が必要かなど）

「ファンに楽しんでもらう」ことが一番重要であるという考え方は、嵐メンバーのインタビューやテレビ番組の発言などでもしばしば目にしていた。例えば、関ジャニ∞の番組である「関ジャム 完全燃ＳＨＯＷ」（テレビ朝日系列）に松本が出演したときにも、ファンに対しての考え方を話していた。ライブの演出にデジタル技術をどう活用するかという話題になったとき、松本が強調していたのが「ファンが喜ぶ、楽しむことが一番大切」ということだ。自分たちが「喜んでくれるだろう」と思って、技術を駆使してつくった仕組みだったとしても、あまり楽しんでいないと思ったら迷わずに使うのをやめると言っていた。大切なのは「最新のすごい技術を使うことではなく、ファンがより楽しめる体験を、技術を活用してつくることだ」という意味の話をしていた。

嵐のライブは、ファンに最高の体験をしてもらいたい、喜ばせたいと思って用意されたコンテンツの融合体であり、夢を生み出す空間である。毎年来場するファンに対しても、新しい斬新な技術や手法も活用して驚かせ、盛り上げ、その年のライブならではの楽しい体験をしてもらおうとする。ライブの場で使われる技術や仕組みは、ライブの時間をより楽しくするにはどうしたらいいかという視点から検討し、全く新しい技術も必要ならば導入する。もしくは嵐がライブで過去に使った技術を、よりファンが盛り上がれる使い方に進化させる努力をする。

少々マニアックになるが、嵐のライブに参加したことがないという読者のために、嵐がファンをより楽しませたいという思いを軸に技術導入した事例をいくつか見てみたい。

①現在も使われるムービングステージ

２００７年のライブツアー「SUMMER TOUR 2007 Time －コトバノチカラ－」で初お目見えしたムービングステージは、現在も嵐のほぼすべてのライブで使われ、ジャニーズの他グループなども使用している仕組みである。「大きな会場でも、より多くのファンの近くで、歌って踊りたい」といった願いでつくられた移動するステージである。ライブ会場の一番前から一番後ろまで移動するステージで踊る嵐を、移動途中の道筋の観客も堪能できる。このムービングステージのおかげで、ドームや国立競技場のような大箱でのライブであっても、嵐に近くで会えたという感覚を持つことができ、それ以降のツアーでは「会いに行けた感」が一気に増した。私事ではあるが、２００７年のアリーナツアーで、動くステージ上で踊る嵐を初めて見たときの衝撃は忘れられない。同じくそのライブに参加していたファンも同様のことを今でも語っている。ファンにどういう体験をしてもらいたいかを突き詰めて考え、それを実現できる技術を探し、実行していたのである。

②ファンを魅了する最先端のデジタル技術の導入

ムービングステージのようなステージセットだけでなく、時代の最先端のデジタル映像技術を使ってライブを盛り上げる努力も継続的に続けている。２０１２年の「Popcorn」、２０１３年の「LOVE」というツアーで、ウオータースクリーンなどの技術を使って、嵐の映像を水でつくったカーテンや気球に映し出してくれる演出に会場はどよめいた。２０１７年に導入された、ドームの舞台と同じ大きさの横51メートル×縦12・6メートルのスクリーンに映る巨大な5人の姿は、最上階からも迫力満点で見ることができた。ドームのアリーナ全体に張り巡らせた花道（通路）と天井全体がスクリーンとなり、プロジェクションマッピングで様々な映像が映されるといった演出も楽しく、毎年映像や照明の技術レベルを上げ、刺激的な演出に変化させてくれた。プロジェクションマッピングがまだ広まる初期段階の頃から技術を導入し、演出の中に組み込み続けている。

③ペンライトの改善と進化

第2章の価値の交換の例としても説明したが、ライブの来場者一人ひとりが「一緒にライブをつくっている」という気持ちでより楽しんでもらいたい、そうした嵐の願いを実現させた技術が自動制御のペンライトである。これも初めから最良のものだったわけではなく、試行錯誤や様々なパターンを試しつつ、理想形に近づいていった。前述した2014年のライブ「THE DIGITALIAN」では、うちわ型の6色のペンライトを自動制御して、客席をステージの一部にした。ファンとしては新しくエキサイティングな体験ではあったが、ライブ会場でメンバーに向かってメッセージを送るため、もともと利用していた自作のうちわや公式うちわも持ちたいという思いも残った。それを解消するため、2015年からは通常サイズのペンライトに自動制御機能がついたものへと進化した。この自動制御のペンライトとその機能を活用した演出は、改善と進化が毎年続いた。会場全体に広がり、曲や構成と連動した自動制御のペンライトが描く風景は、ライブを盛り上げ、ファンの視覚と記憶に刻まれる。そして、その美しい風景を自分の手に持つペンライトがつくっていることが、「参加できてよかった」という感動につながるのである。

デジタルはツールであり、デジタル技術の導入が目的になるべきではない。顧客にとってより良い体験を届けるために、導入できる技術や導入の仕方の詳細をとことん考え抜き、色々と試してみることが重要となる。技術やデジタルツールによって、精度やフレキシビリティー、提供できる価格が違ってくる。そのツール（技術や仕組み）をどこから探してくるか、探してきた技術をどう活用していくか。米国や中国のように、最先端の技術が日々生み出され進化している市場に、求めているツールがあるかもしれない。他業界、例えば車業界で使われ始めたデジタル技術が流通業界の顧客体験の向上に役立つかもしれない。今、自分の領域、業界、日本という市場で使われているデジタルツールだけでなく、もっと視野を広げてみることも考えたい。広い選択肢から自社顧客への価値を高めることを目的として最適な技術や仕組みを選び、「顧客の体験をどれだけ向上させるか」という視点で検討したうえで導入を考える。嵐の技術活用から学べることは、そうした姿勢であり、やり方であると著者は感じている。

「人の気持ちを動かす」ためにデジタルを活用する

この章の前半で、現在のデジタルマーケティングの大きな課題として、データを活用することに集中しすぎていることと、そのデータの先にある本来は重要なはずの人や、人の気持ちを忘れがちになることの2つを挙げた。ここまで説明してきた嵐の事例や手法の詳細は、人の気持ちにフォーカスしたデジタルマーケティングを考えるヒントになると、著者は考える。

オンライン広告費が高騰し、データの活用が難しくなっている昨今、常にオンラインメディアの先にいる顧客に向き合い、理解し、顧客とのコミュニティーづくりを含めて関係性を深める。そして、顧客の関心や熱量を保持することが、ブランドの成長に重要である。

前述したように、嵐は、オウンドメディアとして活用しているSNSで、ファンにとって魅力的なコンテンツを自分たちが中心になってつくり、そのコンテンツに合ったSNSを選んで発信していた。それぞれのSNSと、その利用者特性に合わせたコンテンツの内容や見せ方、投稿の仕方やタイミング、言葉の使い方を細かく変えていた。分析してみないと気づかないよう小さな違いであったとしても、各SNSを見ているファンそれぞれにとってより魅力的なコンテンツにする努力をして投稿することが、SNS運営に重要かつ効果的であるという参考例になる。加えて、ファンにとって魅力的なコンテンツは拡散されるだけでなく、ファンの熱量の高いコメントが加えられたコンテンツとして量産されていく。それを別のファンが読み、さらにコメントを加えていく。こうしてオウンドメディアだったコンテンツは、読み応えのある嵐の「アーンドメディア」となり、ファン同士のコミュニケーションの熱量を上げていく結果となっていた。

SNSの活用が「嵐ブランドとファン」だけでなく「ファンとファン」のつながりを強め、ファンのコミュニティー化を後押ししていったことが見ていただけたかと思う。嵐の事例を、SNSをオウンドメディア、アーンドメディアとして活用する参考にしていただければと思う。

「デジタルマーケティング」の重要性は日々高まっているが、重要なのは消費者や顧客を理解して、彼らにとって魅力的なマーケティングを実施することである。オンラインの先にいる人の気持ちを理解して、その気持ちを動かすことを考えること、顧客に合ったコンテンツとメディアを選択して届けることなどを、総合的に考えて設計し、丁寧に実行することが大切だと著者は考える。

まずは何をしたら顧客が楽しい、うれしいと感じてくれるかを予測してデジタルを活用し、次にどうそのうれしさを増幅させるかを考える。大切なのは、顧客の気持ちを理解することであり、その気持ちを動かすことである。たとえ最新技術を使った話題を呼ぶコンテンツやサービスをつくったとしても、顧客が楽しめるものや欲しいと思っていたものでなければ、ブランドへの思いや信頼が強くなることはないだろう。

加えて、ブランドと顧客、そして顧客同士がつながれる、つながりやすい場をつくることも大切である。

より強いブランド愛を生み出すには、顧客がうれしいと思う体験、気持ち、つながり方、タイミングなどを深く詳細に考え、そのうえでそれらを実現させるためのツールとしてデジタルを活用する。デジタルはツールであり、デジタルマーケティングは「デジタルを活用したマーケティング」である、という意識を持ち続けたい。

第4章

ブランドの危機に顧客の愛を強める

2019年1月27日、「2020年12月31日をもって、嵐が無期限の活動休止に入る」ことが発表され、翌日の新聞やニュース番組は、その話題で持ちきりになった。もうグループ活動に戻ることがないかもしれないという可能性も含めて、ファンにとって最悪に近いニュースであった。ファンの多くは、そのときまで嵐に会えなくなる覚悟など持ち合わせていなかっただろう。そうしたファンの状況を、休止と聞いて感じる寂しさや喪失感を、誰よりもよく理解していたのは嵐メンバーたち自身であったと思う。ファンに自分たちの思いを理解してもらい、活動休止までの約2年間、信頼や興味をどう持ち続けてもらうかは、嵐にとって大きな課題であったと想像する。

嵐は活動休止までの約2年間、ファンに真摯に向き合い、一緒に楽しめる魅力的なコンテンツを提供し続けた。その活動をマーケターとして体験して考察することは、著者にとって非常に興味深く、今後のマーケティングに役立つ多くの学びを得た。この章では、嵐の活動休止までの約2年間を著者の視点と観察をベースにして、読者の皆さんと一緒にたどりたいと思う。

消費者向けのビジネスに携わっていると、顧客が聞きたくないニュースを届けなければならない機会に直面することもあるかと思う。そんな状況に遭遇したとき、どうしたら、ブランドへの信頼を失わず、顧客との関係性を保ち、理想を言えばさらに強めることができるのだろうか。嵐の活動休止発表から休止までの約2年間の軌跡は、自社ブランドの商品やサービスを持つ企業にとって、参考になる実例であると著者は考える。

なお第4章では、お話しする内容を「活動休止発表後の1週間」と「それ以降の約2年間」の2つのフェーズに分けた。実際に嵐がどんな活動やコミュニケーションを行ったのかを整理し、著者の分析を交えながら一緒に学んでいきたい。

第1フェーズ：活動休止発表からの1週間

初動から学ぶ、顧客の愛を生むリスクマネジメント

悪いニュースをどう届け、その直後にどう対応するか、勝負になるのは最初の1週間だ。この初動時期に、驚きと悲しみに沈んだファンの気持ちを理解し、前を向いて一緒に課題に立ち向かい、自分たちについてきてもらうため、嵐がどんな努力をしたのか。活動休止発表から1週間の嵐の動きとファンへのコミュニケーションを詳細に見ていきたい。

前述したが、嵐の活動休止発表は、予兆なくファンの元に届いた。個人的な体験の話になるが、この一大発表があった当日、私は嵐の情報から隔絶された場所にいた。横浜アリーナで米津玄師のライブに行っており、午後5時前から携帯電話の電源を切り、再び電源を入れたのはその3時間後だった。そして、その間に一連の活動休止に関する発表がされていたのである。ライブ終了後に新横浜駅に向かって歩きながら、携帯電話の電源を入れたときの驚きを今でも覚えている。普段受信する量の数十倍のメッセージが、メール、

LINE, Messenger, Twitterなどから一気になだれ込んできた。そのほとんどが、「大丈夫？」「私も悲しいが、頑張って」といった、励ましや共感のメッセージであった。ライブを1本見ている間に、世の中がひっくり返ったように感じていた。きっと多くのファンにとって、忘れることのできない瞬間があり、一人ひとりが様々な受け止め方をしていたのだろうと想像する。

心の準備ができていないファンたちに、「無期限の活動休止」という最悪に近いニュースを届ける（最悪のニュースは解散であっただろうと思う）。SNSなどがこの活動休止に関する投稿であふれ、テレビの報道やスポーツ新聞の一面などが嵐のニュースで埋まった。国中で起こっている混乱の中で、活動休止発表から1週間の間に、「どうファンに理解してもらうか」が一番重要だと嵐は考えていたと著者は推測する。できる限り短い期間でファンに平常な気持ちを取り戻してもらうため、その伝達内容と方法を考えていたはずである。活動休止発表からの1週間、嵐の行動やマスコミを通じて伝えられたこと、ファンのコメントの変化などを、著者は個人的な思いもあり、詳細に追いかけていた。

発表直後の1週間の嵐をつぶさに追っていて、著者の頭の中に浮かんだのは、20年以上前に米国で勤務していた際に初めて聞いた「Quitting is ART」（上手に辞めるのは、芸術をつくり出すようなもの）という言葉であった。

著者がこの言葉を最初に聞いたときの状況と、「Quitting is ART」という言葉に込められた思想を説明したい。この言葉を聞いた頃、日本企業で働いた経験しかなかった私は、初めて米国企業に勤務し、ニューヨーク本社のマーケティング部門で仕事をしていた。働き始めて3年で諸処の事情があり、同業他社に米国内で転職することを決めた。大変かわいがってくれ、またサポートしてくれた上司、人事、メンターの方々に「会社を辞めたい」という、きっとあまり受け入れにくいだろうニュースをどう伝えたらいいのか。同年代の同僚で、こうした難しい状況の対処が一番上手そうなカナダ人のランスに相談してみた。

「Quitting is ART!」。そのとき、ランスが言い切った言葉だ。ちなみに、これは一般的に使われる言葉や理論ではなく、アドバイスをしてくれたランスがつくった言葉らしい。それから数十年、この言葉は心に残り、実ビジネスの中で有用な考え方となったため、ここで引用させてもらった。「かわいがってくれていた人たちに、退職というニュースを伝え、引き続き応援してもらうにはどうしたらいいか。じっくり考え、戦略を練るべきだ。準備すること、伝える順番、語るストーリーや使う言葉などを詳細にプランニングするんだ。芸術作品を創り出すように、心を込めて、全力で集中して実行する必要がある」。ランスにそう言われた私はあぜんとし、退職を伝えるコミュニケーション戦略を一から考え直した。

悪いニュースのコミュニケーション手法を学んだのは自分の退職の場面だったが、この考え方や手法は、その後に米国で仕事をしていて非常に役に立った。顧客や市場にとって予想外なニュースを伝える場合、芸術の域まで伝え方を考え抜くことは、退社以外の状況にも使える有効な考え方であった。例えば、自分の担当するサービスが、米国で消費者団体から訴訟を受けるという経験をしたときに、その対応を考えるうえで役立った。訴訟を受けているという事実は、一担当者である私が変えられるわけではない。しかし、「どう伝えるか」は変えられる。ブランド担当者としての役目は、顧客や消費者、株式市場に対してどう伝えるかを考え抜き、最良のやり方で実施するということに集約された。その際の初動、つまり最初の伝え方に関して、ＩＲ、法務、外部の専門家のサポートをもらい、詳細な戦略と実行のプランニングを行うことができた。「芸術の域を目指す」という目標が、助けになったのである。

嵐の活動休止発表を含む初動を見ていた私の頭の中に浮かんだのは、「考え抜いた美しい伝え方だなあ……」という感想だった。情報を受け取る人の気持ちやタイミングなどを考え抜いて、まさに芸術を届けるように、丁寧に休止への思いを伝えていった。どこを「うまい！」と著者が感じたのか、そのポイントを見ていきたい。

喜ばれないニュースの発信には、戦略的かつ詳細なプランニングが重要

ブランドへの信頼や愛情を失うようなリスクのあるニュースを伝えるとき、考え抜いたコミュニケーション戦略で、ブランドを守る努力をすべきだと著者は考える。ブランドホルダーとして、そこまでの覚悟と努力でリスクに向かうには、２つの大切な目的が考えられる。

１つ目の目的は、顧客の心の中の、自社ブランドの価値を維持すること。自社にとってキーマンとなる顧客にブランドの思いと状況を理解してもらい、彼らの心の中にあるブランド価値を下げないようにする。できればキーマンたちに味方になってもらい、より広範囲の人たちの心の中でブランド価値を維持する。ブランドを人の心の中につくるためには、リソース（お金、人、時間など）がかかっており、その価値を下げないように、ブランド担当者はできる限りの努力をするべきだと強く思う。

2つ目は、キーマンである顧客に応援してもらえる状態、一緒に未来を描ける状態になること。退職する場合でいうと、いつでも会社に戻れるような未来の関係性への希望を持ってもらえるように、関係者の気持ちや社内世論をつくるために行動することだ。

嵐も活動休止を伝える前に、5人の中で納得がいくまで話し合い、事務所など関係者との連携も万全とし、詳細なプランニングを行ったようだ。発表直後の初動時期、嵐にとってのキーマンはファンであり、ファンへの伝え方を中心にすべてのプランを練ったのではないかと1週間の行動を見て思っていた。ファンと嵐ブランドのために考え抜いた、詳細なコミュニケーションプランがあったと感じている。ファンに思いと状況を正しく理解してもらう、不安やつらさを軽減する、そんな嵐のファンへの強い思いと丁寧な準備により、ファンが落ち着きを短期間で取り戻すという結果になったと思う。

伝え方

伝える手法・順番・内容を熟考し、丁寧に実行する

受け取る側にとって最悪なニュースであるとしても、その事実は変えることはできない。休止期間が決まっていない活動休止は、どのような言葉で伝えたとしても「休止」である。

発信者の嵐としてコントロールできるのは、伝え方だけである。

米国や日本で仕事をしてきて、悪いニュースのコミュニケーションほど、伝える手法、順番、内容が重要であるということを強く実感した。情報を出した瞬間から、それが広がるスピードと方向性を出し手がコントロールすることは難しい。出し手の意図に沿った内容と言葉で伝わるようにするには、誰からどんな順番で伝えるのかという設計が大事である。そしてさまつなようだが、希望する順番でキーマンにコミュニケーションできるよう、事前に詳細（時間、場所を押さえる、アポを取るなど）を計画して準備する作業も大切だ。もちろん、伝える内容とストーリーは一番重要な部分となる。活動休止発表からの1週間で、嵐が計画・実行したコミュニケーションの詳細とその順番を見てみよう。

嵐アクション1：一番の味方（ファン）に、5人そろって、最初に伝える

タイミング：休止発表当日1月27日（日）夕方。ファンもマスコミも平穏な週末を終える頃

伝えた場所：嵐の有料ファンクラブ会員限定サイト

発信者と手法：嵐5人が動画を配信（メンバー自身の言葉で説明）

最悪のニュースは、ブランドにとって一番大切で最も理解してほしい人に、最初に直接伝えるべきである。他人から間接的に伝わったり、不確かなうわさとして耳に入ったりすることを避けるためにも、伝える順番の計画は重要だ。

嵐が活動休止を最初に報告したのは、有料ファンクラブの会員限定サイトの動画内だった。嵐ブランドにとって「一番大切な人たち」であるファンだけに、動画で、5人の言葉で、声で、表情で、直接伝えた。もちろんファンにとっては、世界がひっくり返るほどの驚きであり、ショックであっただろう。だが、最初に自分たちファンだけに、本人たちから直接に伝えてくれたということは、嵐の誠実さと真摯さをファンに印象づけた。そして、この嵐の言葉を聞いた多くのファンが、動画内の言葉を引用して、Twitterなどで一斉に発信を始めた。

嵐アクション2：メディアも味方に。5人で発信情報をコントロール
タイミング　：休止発表当日1月27日（日）夜。発表から約3時間後（翌日月曜朝のニュースやワイドショーに編集が間に合う時間帯）
伝えた場所　：記者会見の会場
発信者と手法：嵐5人の記者会見（質疑応答あり）

活動休止の情報が出れば、翌日のニュースや新聞の芸能欄が嵐一色になるだろうということは、メンバー自身が一番理解していたと思う。一斉に流される情報の中に間違った解釈や情報が入ると、その印象を後から変えていくことは難しい。メンバーの意図と違う情報を見たファンの不安が増すことにもつながる。記者会見の準備に際しても、マスコミを通じて自分たちの思いや意図がファンに正しく伝わるよう、その伝達方法を詳細にプランニングしていたのだと思う。

ファンクラブのサイト内での発表後、マスコミ各社にお知らせが送られ、活動休止に関する公式なコメントと、同日午後8時に記者会見を実施する旨が伝えられた。会見の会場は、マスコミ関係者の人数をあまり絞らなくていいよう広い場所を用意したようだ。

「日曜日の夜、午後8時」というタイミングは、その後の報道への影響を考えると、ベストな日時を選択したと著者は思う。会見の映像や写真を利用し、翌日月曜の朝の一斉報道に録画の編集をしても間に合う一方、当日である日曜日の夕刊や夜のニュースで、速報以外で大きく扱うには準備が間に合わない。加えて、土日に放映枠がないワイドショーが一斉報道に出遅れることもない。記者会見の映像を使った報道は、月曜日の朝から各社ほぼ一斉にスタートするように考えられていた。マスコミの現場スタッフたちの立場や仕事のやりやすさも思いやっての日時選択だと思う。私が気づいた点だけをいくつか挙げてみたが、もっと様々な気遣いもあったのだろうと想像する。20年以上、マスコミの現場の方々と仕事をしてきた、嵐らしい気遣いだと感じる。

記者会見の内容も、時間をかけてメンバー5人で考え、話し合って準備していたのだろう。会見は、記者の質問をオープンに受ける形で実施された。メンバーが緊張する場面、涙ぐむような場面もあったが、一貫して自分たちの言葉で真摯に返答する姿を見せた。会見全体に流れた温かな雰囲気と、それに向き合う姿勢で、活動休止は5人が決めたことであり、5人で休止までの時間をファンのために精いっぱい良い時間にしていこうとする意思が伝わった。

会見用に選んだ衣装は、堅苦しいスーツやアイドルっぽい衣装ではなく、柔らかな印象の、5人それぞれ違う色と素材のジャケットで、メンバーの自然な雰囲気が伝わった。衣装の選択も、ファンに伝えるメッセージの一部である。会見中も、メンバーが笑い合う場面も入れながら、いつもの嵐らしさ、いつもの5人の仲の良さを感じさせてくれた。

翌月曜日の早朝から、ワイドショーやニュースなどのほぼ全番組が、記者会見の映像クリップを中心に報道を展開していた。嵐のブランドイメージと外れることのない雰囲気、自分たちの言葉で直接公に伝えたことにより、報道のトーンや内容は、嵐の思いが伝わるものになったと感じた。衣装、場の雰囲気を含め、「派手ではないが、暗くない印象」「嵐らしさが感じられる」「真摯に伝えようとしている」ということが伝わる番組報道となっていた。報道を見ながらSNSに投稿されたファンのコメントを読み、記者会見の映像クリップがファンや視聴者の気持ちをポジティブな方向に動かしていると感じた。

嵐アクション3：メンバーが詳細な説明を加える
タイミング：休止発表の翌日1月28日（月）夜。記者会見の1日後
伝えた場所：櫻井がキャスターを務める、報道番組「news zero」（NNN系列）の生放送
発信者と手法：メンバー櫻井の生インタビュー

聞きたくないニュースを受け取るとき、その情報をそしゃくし、理解する時間も必要である。嵐も、畳みかけて情報を発信するのではなく、情報を発信しない時間をつくった。時間を1日空けた後、メンバーの中で伝え方が一番うまいとみられている櫻井が、自身がキャスターを務める報道番組「news zero」の番組内で生インタビューに応じた。時間を

しっかりとり、真摯に質問に答えた。前日の記者会見で伝え切れていなかったことを、嵐のメンバーとして説明し、櫻井としての思いや考えを伝えた。

ファンとしてはどとうの一夜が明け、少し考える時間をとれた翌日夜に、話を聞くことができた。また、会見のときのように「5人で」ではなく、一メンバーの立場から説明するという、語り手に変化をつけたことも、情報の伝え方として効果的であったと思う。嵐の一メンバーとして、活動休止に関する自分の思いを語る言葉はファンの心に響いた。

ファンにとってつらいことに変わりはないが、嵐の考えや思いを理解し、少しずつ気持ちを落ち着けていったことが、Twitterなどの投稿を読んでいて感じられた。

嵐アクション4：歌でファンにメッセージを伝える
タイミング　：休止発表から5日後の2月1日（金）夜
伝えた場所　：「テレビ朝日開局60周年記念　ミュージックステーション　3時間スペシャル」（テレビ朝日系列）。生放送のトリ
発信者と手法：嵐5人＋ファン。生放送の歌番組で、応援するファンの前で2曲を披露

この活動休止発表後の1週間で大きな影響力があったのが、嵐の「ミュージックステーション」の生出演であったと著者は考える。2月1日はテレビ朝日の開局記念日で、生放送が売りのミュージックステーションの3時間スペシャルに、嵐は出演を予定していた。あくまで推測であるが、活動休止発表からの1週間は、このミュージックステーションで終えるように設計されていたのではないかと思う。それほど、最初の1週間の締めとして効果的な役割を果たした。

アクション1「ファンクラブ会員向け動画」、アクション2「記者会見」、アクション3「櫻井インタビュー」ときて、ここでアクション4として、歌と踊りでファンに「思い」を届けたのである。生演奏した2曲は、ファンに感謝を伝える歌詞の曲を選んだ。選ばれたのは「君のうた」という2018年のアルバム曲と、ライブでファンとメンバーが盛り上がるときに歌われる2001年発表の「感謝カンゲキ雨嵐」の2曲だった。この感謝の言葉であふれた2曲の歌詞を、ファンは嵐から自分たちへのメッセージだと理解した。ファンに向けて感謝を伝え、「明日を一緒に描こう」と歌いかける。会見などでメンバーが言葉で伝えていた思いを歌にのせて、ファンの心の中に、ダイレクトに届けていった。

活動休止発表1週目にとったアクション1～4を見てみると、伝え方のバラエティー（変化）が重要だと気づく。タイミング、伝え手、伝えるメディア、伝え方の種類など、変化をつけていくことが大切だと感じた。伝える手法は言葉だけでなく、五感に訴えるような写真、動画、歌、音楽なども使っていく。この変化をつけた伝達が、受け手の心の中での情報理解を進め、心を動かしたのだと著者は考える。

2月1日のミュージックステーションの場ではもう一つ、嵐ファンの共感を呼び、心に訴えかける出来事があった。

生放送の音楽番組では、ライブ感を加えるために番協（番組協力）と呼ばれるファンが参加する場合が多い。ファンクラブなどで募集したファンがアーティストの演奏を応援する様子を含めて放送する。2月1日の番組用にも、嵐のファンが事前に番協に選ばれていた。

番組当日、嵐の生パフォーマンスをテレビで見ていたファンのTwitterが、「番協の応援の盛り上がり方が半端ない」という投稿で沸いた。泣きながら応援しているファンも多く、声援、応援の仕方、伝わってくる熱量などのすべてが、通常の生の歌番組で見られないような番協のレベルだった。ファンへの「ありがとう」が詰まった歌を一生懸命歌う嵐と、悲しい思いを抑えて、全力で応援する番協のファンの姿。「私たちの代表として、今日の嵐に声援を送ってくれているんだ」とテレビの前のファンは共感した。それはメンバーとファンが共創する姿が、歌番組の中で視覚化されたようにも感じた。理屈ではなく感覚的に、「やはり嵐を応援しよう」と、多数書き込まれたコメントからもファンの気持ちの動きが読み取ることができ、この番組を見て前を向いたファンも多かったと想像する。

第2章のストーリーテリングの箇所で、シグネチャーストーリーを伝えるとき、五感に訴えるような伝え方、伝える場も活用して、メッセージがファンの頭の中に残るように考えることが重要であると説明した。このミュージックステーションでの1コマは、そうした嵐のストーリーテリングの手法が効果的に使われていた例であると感じた。

活動休止発表からの初動1週間はこうして過ぎ、ここから休止までの、嵐とファンとの約2年間が始まるのである。

第2フェーズ：活動休止までの2年間のマーケティング

ファンとメンバーがつくる、壮大な嵐ストーリー

第2のフェーズは、発表の1週間後から活動休止までの約2年の期間と本書ではさせていただいた。前を向いて応援する気持ちになり始めたファンと一緒に、心や方向性をそろえて、活動休止までの2年間のストーリーをつくっていった取り組みを中心に見ていきたい。シグネチャーストーリーの手法を使って、いかに壮大かつ魅力的なストーリーをつくり、ファンとの絆をより強くしていったのか。その細かな打ち手も確認しながら、読者の皆さんと一緒に嵐とファンの2年間を振り返りたい。

第2章、マーケティング理論の箇所で説明したが、マーケティングに利用されるストーリーは、それだけで魅力的なコンテンツになり得る。しかし、現代のように情報があふれかえっていて、SNSで簡単に発信できるデジタル時代においては、消費者の心に残る、強い「シグネチャーストーリー」が必要である。前述したが、シグネチャーストーリーとは、

〝ブランドや、顧客との関係、組織の価値観、戦略などを明確化、または強化するメッセージを伝える、あるいは支える物語〟であり、それは〝人を引き込み、長期にわたってブランドに活力をもたらし、顧客を説得し、刺激を与えるもの〟である。

魅力的な複数のシグネチャーストーリーは、顧客と共有され、ブランドや商品を強くしていき、マーケティング活動のサポートとなる。前述のシグネチャーストーリーの定義を踏まえて、活動休止までの2年間が、メンバーとファンにとって、なぜ魅力的で熱量の高いストーリーとなったのかを観察・分析した。そこから、著者が見つけた魅力的で効果的なストーリーの4つの特徴を説明していきたい。

特徴1：主語は「私たち」であり、メンバーとファンが共創する
特徴2：持続的な一貫性を保つ
特徴3：ファンが誇る、「社会的意義のある価値観」を示す
特徴4：希望、夢、未来が広がるストーリーを見せる

具体的な事例を挙げながら、この4つの特徴を1つずつ見ていきたい。

特徴1
主語は「私たち」であり、メンバーとファンが共創する

第1章、ブランディングの箇所では、「5人で嵐」が重要であり、メンバーとファン（6人目の嵐）が横の関係（同じ目線）であることが、嵐ブランドの強さだと説明した。

嵐ブランドと同じように、活動休止までの2年間の嵐ストーリーの主語は「私たち」であり、メンバー5人とファンのストーリーであったのだと思う。そして、主語が「私たち」であることは、ファンの心の中に強い共感を生んでいたのだとSNSなどへの投稿を読んで感じていた。

そして、「私たち」が主語となることで生まれるファンの「共感」と強い「当事者意識」は、ストーリーを嵐と一緒につくっていこうとする「共創の思い」になっていたようだ。活動休止までの間に、SNSなどでファンが語ったたくさんの嵐についての投稿から、そう分析することができる。

ファンの間での「共感」と「当事者意識」を強めることに、Netflix上で配信されたプロ

グラムが大きく貢献していたと著者は感じている。読者の皆さんの中には、このプログラムをご存じでない方もいらしゃるかと思うので、簡単に説明したい。

Netflixオリジナルシリーズとして２０１９年12月31日に配信開始となったのが、「ARASHI,s Diary －Voyage－」だ。視聴者の間でVoyageと呼ばれ、ＳＮＳでもハッシュタグでVoyageと使われているため、以降このプログラムをVoyageと呼ばせていただく。

Voyageは、大野、櫻井、相葉、二宮、松本が活動休止に向けて過ごした日々の出来事を記録し、メンバーの思いが感じられる全24回のドキュメンタリーシリーズだ。世界のファンに向け、英語、フランス語、ドイツ語、ヘブライ語、アラビア語など28カ国語の字幕が付けられ、１９０カ国で視聴可能な形で配信された。普段は見られないようなメンバーの素顔を見たり、本音を聞いたり、新しい発見も共感も得られる映像が多かった。嵐の意見が内容にも構成にも反映されているという印象を著者は持っていた。

活動休止までの間にファンの共感と共創の意識を強めることを、Voyageが効果的にサポートしていたと感じられたのには、２つ理由があると思う。

1つ目は、リアルタイム感。Voyageでは現実に起きたこととのタイムラグがあまりなく、嵐に今起こっていることを素早くドキュメンタリーにして配信していた。活動休止への不安が高まる時期に、ファンがリアルタイムに近い状態で嵐に起きているストーリーを視聴し、理解できた影響は大きかったと思う。例えば、新型コロナウイルス感染拡大に伴い、国立競技場のライブをどうするのか、中止、延期、オンライン配信などの選択肢の間で悩んでいるメンバーの姿とその思いをVoyageは伝えていた。

2つ目は、メンバーの決断の理由や根拠、「なぜ」が理解できたこと。困難な決断における理由と、そこに至るまでの様々な考えや葛藤といった、決断までの過程がファンに詳細に伝わっていたことだと思う。

Voyageの24回の配信の途中に、様々な社会的事象や変化が新型コロナウイルスの感染拡大によって引き起こされた。嵐やスタッフが活動休止までに企画していたことの多くが、次々と変更を迫られたのである。中止になった大型イベントだけを挙げても、中国公演、国立競技場でのツアー、東京オリンピック・パラリンピックでのパフォーマンス、活動休止前の最終ツアー……。2年間で、ファンに直接会いに行く時間をなるべくたくさんつくるという、嵐の希望や計画は、ことごとく予定通りには実施できないという結果となった。

20年間、「ファンたちと直接会い、集まって楽しめる場をつくる」ことにこだわってきた嵐が、ファンとのリアルなライブなしに活動休止に入っていいのだろうか。この決断は嵐ブランドとして正しいのか、正しくないのか。メンバーは考え、悩み、一つ一つの決断をしていく。そうしたメンバーの決断までの過程と、決めたことをファンに届け、できるだけ楽しんでもらいたいと精いっぱい努力をするメンバーの姿をVoyageを通して見ることができた。

ファンも嵐も心待ちにしていた国立競技場でのライブが配信になると決まっても、Voyageを見たファンたちの多くは、その状況や悩んで決めた過程を理解し、嵐の思いに共感した。共感が生まれると、オンライン配信という嵐が下した決断は、メンバーだけの決断でなく、ファンも含めた「私たちの決断」になる。メンバーと自分たちファンとが横に並んで、一緒に悩み、決断していると感じる。決断の当事者として変更を受け入れることができる。Voyageで新しい回が配信されるたびに、Twitterのトレンドワードに入り、つぶやきには「号泣した」という言葉が多く見られた。メンバーの気持ちと、決断の「なぜ」を理解することが、強い共感と、「私たち」が主語であるという思いを呼んだのである。

特徴2
持続的な一貫性を保つ

第1章のブランドのエクイティをどう守るかという説明で、オフ・エクイティという話をした。これは「嵐ブランドである」のか、これは「嵐ブランドではなく、オフ・エクイティである」のかを決断することが重要で、決断する人と決断の仕方を決める必要があると述べた。

シグネチャーストーリーに関しても同じで、これはオフ・エクイティなのかどうかを判断してストーリーを語っていくことが必要になる。休止までの2年間の活動、情報発信、映像など、どこをとっても「これは嵐だ」という嵐ブランドの一貫性を感じていた。その一貫性が生まれた理由は、重要な決定をメンバー5人で下していたということにあると思う。そして、一貫した嵐ブランドに対する考え方をファンに伝え続けた。その結果、ファンとメンバーの間にも、「何が嵐で、何が嵐でないか」という共通認識が出来上がっていったのだと思う。

ブランドに対するメンバーの一貫した考え方を裏付ける話として、他にもこんなケースがある。

活動休止発表に関しては、決定に至るまでに長い時間をかけて、メンバー5人が何度も話し合ったといわれている。おそらく、嵐ブランドの今後をどうするべきか、何が嵐で何が嵐ではないのかということを本気で話し合ったのだと思う。事務所に報告するまで誰にも相談しなかったという話にも、嵐ブランドのホルダー（守り主）としての強い自覚が感じられた。そうしたブランドに対するメンバーの統一された意識が、2年間の嵐ストーリーに強い一貫性を持たせたのだと著者は考える。

記者会見の際にも、ファンは「嵐らしかった」「嵐だなぁと思った」という言葉をつぶやいていた。最も難しい話をするときでも、メンバー間やメンバーとファンの間に、嵐ブランドに対する一貫した思い、イメージがあることが感じられた。

新型コロナウイルス感染拡大による予想外の事態に直面しながらも、活動休止までの期間、一貫性を保とうと最大限の努力をした嵐の姿勢は、ブランドを守り育てる立場にあるブランドマネジメントやマーケティングの仕事をする方々の参考になると考える。自分のコントロール外の出来事、上司や営業からの変更依頼、外資系であればアジア地域の方針の変更など、マーケティングを担当していて、様々な状況や条件の変化に直面するかと思う。そうした変化の場面に対応するためにも、何がブランドで何がオフ・エクイティかということを真剣に考え続けることが重要である。ブランドが顧客と描こうとしているストーリーに一貫性を持たせるために、可能な限り正しい決断ができるように考え続ける。嵐の活動休止までの2年間を見ていて、著者自身、ブランドとストーリーの一貫性を守る重要性を再確認した。

特徴3 ファンが誇る、「社会的意義のある価値観」を示す

活動休止までの2年間は、主語が「私たち」であり、メンバーと6人目の嵐であるファンのストーリーであると特徴1で説明した。主語が「私たち」になったとき、ファンは嵐ブランドの一部、当事者となる。自分がストーリーの一部であると自覚して、嵐について誰かに語りたいと思ったとき、嵐が「誇れる価値観」を持つブランドだということが重要になる。嵐ブランドが、自分が推す、推奨する（Advocate）ブランドとして胸を張れることは、ファンにとって大切なことなのだと思う。

マーケティングの仕事をしていると、消費者は、「私」が推す商品やブランドは、「私のイメージの一部」、自己表現の一部だと感じていると気づくことがある。消費者のブランドへの意識について考えさせられた例を一つ話したい。

著者が日本で飲料メーカーのマーケティングの仕事をしていた頃、友人や営業担当者の方たちに、「自分とソフトドリンク」の関係性の話を聞く機会が多かった。その際、興味深く感じたのは、「家の外（人に見られる場）の飲み物」と、「家の中（プライベートな場）の飲み物」への期待度や意識するポイントが違うということだ。会社の机の上に置いて仕事をしながら飲む、ランチのときに同僚と話しながら飲む、そんな外で飲むペットボトル飲料は、「この飲み物が好きな××さん」として「見られること」も意識する。美容意識が高いイメージの海外の硬水や、トレンドに敏感なイメージの飲み物を試したりもする。しかし家ではどうかというと、ブランドよりも価格重視といったポイントで、2リットル78円の水を箱買いしたりする。ソフトドリンクという手軽な小道具であっても、家の外で手にする飲み物は、自分ブランドの一部になっているのだと思う。

これは、「推奨するブランドは、顧客の自己表現の一部」という例でもある。自分ブランドの一部になるからこそ、推奨するブランドのストーリーが示す価値観に、顧客が共感することが大切になる。繰り返しになるが、前述したシグネチャーストーリーの定義の中にも、この価値観という言葉が使われている。

嵐のクリーンなイメージや、仲が良いこと、ファンを喜ばせるために精いっぱいの努力をしてくれるところなど、ファンにとって嵐ブランドの誇れる点は限りがないだろう。それに加えて、社会的な意義に関した価値観も、嵐のシグネチャーストーリーの重要な部分になるのだと思う。例えば「人の幸せのために貢献する」ことは、ファンが嵐を誇りに思い、そのブランドストーリーの一部になりたいと思わせる価値観である。活動休止までの2年間にコロナ禍に突入し、世界中の人が何らかの負の影響を受けた。そうした中、嵐が見せてくれた「人を幸せにしようとする、人を笑顔にしようとする」姿勢や努力は、シグネチャーストーリーを強め、ファンのロイヤルティーを上げたと著者は感じている。

「ブランドの社会的な意義や価値観」というと、SDGs（Sustainable Development Goals）を連想される読者の方も多いかと思う。既に世界のトレンドではあるが、日本でもここ数年、社会的価値や意義が大手企業の間でも注目されるようになってきた。サステナビリティーとかSDGsという言葉を、頻繁に耳にするようになったことと思う。

ここでは、SDGsとは何か、なぜ重要かという目的や概念といった観点だけ簡単に説明したい。SDGsでは、自社の売り上げや収益、自分にとっての快適さだけでなく、社会全体が幸せになることを目指す。そのために企業も一般消費者も、自分たちがそれぞれの立場で何ができるかを考え、持続的に実行する。これが現在のSDGsの考え方であると著者は理解している。例えばメーカーであれば、現在のビジネスのインフラ、商品、ブランドなどを活用しながら、誰かの幸せや笑顔のために何ができるかを考える。顧客は自分の時間を使ったり、生活習慣を少し変化させたり、商品への理解や選び方を変えたりして、活動に貢献していく。企業としては、自社ブランドの価値観や目指すもの、なぜこのアクションをとっているのかを顧客に理解、共感してもらうことが必要になる。企業が実施するSDGsがシグネチャーストーリーになるには、顧客が企業の価値観に共感し、購買などのアクションでサポートすることに意義を感じる、「私の誇れるブランドや商品」になることが重要だと考える。今後、社会的意義に対する消費者意識は高まっていくと思われる。先ほどのソフトドリンクの例で言えば、「価値観を誇れない、共感できない＝机の上に置くブランドとして選ばない」といった消費者が、今後増えてくるのではないかと思う。

嵐ブランドの一部であるファンの誇りをさらに高めたのが、第1回目の緊急事態宣言が発令された直後、嵐が配信を始めた手づくり感満載な紙芝居プログラムだと思われる。コロナ禍で困難を感じている人たちに対して、嵐が即興でつくり出したこのプログラムは、「誰かの健やかな生活、幸せや笑顔のために、今自分たちで何ができるかを考え、実行する」という、SDGs的な精神にあふれていた。

第1回目の緊急事態宣言は、東京、神奈川、埼玉、千葉、大阪、兵庫、福岡の7都府県に発令され、学校も休校となり、公園さえも閉まり、子供たちは家で不安で退屈な時間を過ごしていた。このことがメンバー5人のグループ通話の中で話題に上がり、紙芝居をやってみようというアイデアが出されたらしい。退屈している子供たちが楽しめるように、そして親が子供たちから離れて家事や自分の時間が少しでもとれるように、そんな思いで始めたという。

嵐のリモート紙芝居と呼ばれ、小さな子供たちでも楽しめるように紙芝居セットを使い、『三びきのこぶた』（童心社）、『あかずきんちゃん』（同）など絵本でなじみの深い作品を、5人がナレーターと登場人物になり、声色を変えて読んでいく。読み間違いや言い間違いといった失敗も、5人が楽しそうに笑い、お互いをからかいながら進める楽しさと幸せ感満載のプログラムだった。

最終的にはYouTubeの公式チャンネルで8本が配信され、コメント欄には「3歳の娘が真剣に見入っていました」「子供と一緒に見てめちゃめちゃ笑いました」「家事をせず、つい一緒に見てしまいました（笑）」などのようなコメントが並んだ。このプログラムは既に配信終了しているため正確な数字はわからないが、第1弾では、配信15分で10万再生、1日後には110万再生まで達成していたので、ステイホーム中のファンや子供たちにしっかり届いたはずだ。

閉塞感と不安がまん延する中で、退屈で不安な子供たちと、その親に笑顔を届けようと努力する嵐の姿にファンも少し明るい気分になれた。テレビ番組にしたり、スポンサーと組んだり、作品としてより質の高いものを企画することも可能だったと思うが、すぐに実施したことや、企画や出演も嵐5人での手づくり感が好評だった。見る人たちに嵐が届けたかったのは笑顔と幸せな時間であり、このやり方はその目的に適していたのだと思う。

リモート紙芝居は、ファンが嵐ブランドの価値観に共感し、嵐を誇りに思う気持ちを強くしたシグネチャーストーリーの一つであったと思う。読者の皆さんがSDGsやサステナビリティーのプロジェクトを考えるときの参考になるのではないだろうか。顧客や消費者がいかに自分たちの価値観に共感してくれたか、自社ブランドや商品を誇りに思う気持ちが強くなったか、ということが一番重要なのではないだろうか。テレビや雑誌などのメディアでどれだけ取り上げてもらったかなどの指標に惑わされることなく、「このブランドを選んでよかった！」と誇る気持ちを顧客に持ってもらう、そんなストーリーを生み出していただきたいと思う。

特徴4　希望、夢、未来が広がるストーリーを見せる

活動休止が発表されてから2年間、その時間を嵐と一緒に楽しむと決めたファンにも、不安や寂しさ、喪失感を感じるときがあったと思う。嵐の休止への思いを理解し、受け止めたとはいえ、2年間は長い。前を向き、「終わりに向かうストーリー」を一緒につくっていくのは、時間がたつにつれ、ファンにとって精神的に寂しく、しんどくなる時期がくるかもしれないと予感していた。

著者の初期に感じた予感に反して、この2年間は、多くのファンにとってワクワクする「アラシゴト」であふれていた日常生活だったのではないかと思う。ファンの2年間のワクワクを支えたのが、嵐ストーリーの中で強調された「一緒に楽しい時間を過ごす」とともも

に、「嵐メンバーと夢を追いかける」という、未来につながる明るい要素だったと思う。

困難に直面していても、ブランドのシグネチャーストーリーには「明るさ、希望、夢、未来」があることが重要なのだと思う。自分が好きな、推しているブランドが、夢や未来に向かって進んでいると思えると、ワクワク感やときめきを感じられる。企業の事例で言えば、テスラやアップルにロイヤルティーが高い顧客が期待していることは、「次に何をやってくれるか」という未来への期待である。未来に行き着く過程で、多少の失敗があったり、失望を感じる経験をしたとしても、「この次には夢や理想に近づくに違いない」という希望がある。だから徹底的に嫌いにはならないし、未来への期待を持ち続けることが多い。夢や希望はシグネチャーストーリーの重要な部分なのだと、嵐のストーリーを分析していて改めて感じた。

活動休止発表時にファンに向けてメンバーが口にした「いざ、共に未来に」。嵐の未来に向かった「旅」とストーリーは、自分たちだけでなくファンと共に創り、歩いていくのだと伝えたのである。「未来に」と「夢」は嵐のシグネチャーストーリーの重要な一部となり、2年間、ファンと嵐のストーリーに虹のような、明るく楽しく色合いを加えた。

嵐が描いた夢を実現させようとしていた活動の中でファンを驚かせ、ワクワクさせたのは、「世界中に嵐を巻き起こす」という、グローバルな夢のストーリーの共創者になることであったと思う。この「世界中に嵐を巻き起こす」というフレーズをファンが初めて聞いたのは、嵐がデビューした1999年、ハワイでの記者会見の場である。相葉が言ったこの言葉は、それから20年、嵐というグループとファンがいつかたどり着きたい場所、夢であったのだと考える。そのグローバルな夢を追いかける姿勢とアクションを2019年11月から本格的に見せ始めた。「あと1年」と、ファンの中で活動休止までのカウントダウン的な気分が始まるタイミングで、世界中に嵐を巻き起こす夢への旅に、ファンたちを誘ったのである。

グローバル化の始まりは第3章でも説明したが、嵐が動画投稿や音楽配信を開始した時期だった。Voyageのエピソードの中に、松本が海外のスペシャリストたちにグローバル化への相談をしているシーンが出てくる。「自分たちで発信、配信する仕組みをつくるように」といったアドバイスを受けていた。SNSや音楽配信のスタートなど、ファンに直接発信する、つながる仕組みづくりは、日本のファンのためだけでなく、世界のファンとつながる準備でもあった。

届ける仕組み、メディアを整えた後は、魅力的なグローバルコンテンツをつくっていくことが必要となった。まず、過去のヒットシングルを英語主体、かつ音楽配信向けの音に編曲し、生まれ変わりを表す「Reborn」と名付けたシリーズにして発表した。新しいシングル曲でも、デジタル配信のみの「Turning Up」を皮切りに、英語が主体の曲を増やした。また、グラミー賞を11回受賞して、世界的に人気のあるBruno Marsが書き下ろした全英語詞の「Whenever You call」も、大人っぽくお洒落なMVとともに発表した。

こうした世界に嵐を巻き起こすために英語主体の活動を始めたことに対して、ファン全員が最初から喜んだわけではない。「英語にされると歌詞が頭に入ってこない」など、批判のコメントも多くあった。しかし、ファンは引き続き発表される曲やメッセージに触れ、メンバーが全力で世界に挑戦していく姿勢をVoyageの映像で見て、世界中に嵐を巻き起こす夢を応援していこう、自分たちファンも世界に向けた夢のストーリーの一部になっていこうと徐々に思いをそろえていった。ファンのSNSなどへの投稿の変化を見て、著者はそう感じた。

結果だけを見れば、活動休止時点までには、世界中に嵐を巻き起こすまでに至らなかったと感じる。しかし、「いざ、共に未来に」「共に世界に」という思いで、ファンは嵐と一緒に夢を見る楽しさを味わったのだと思う。一緒に追う夢があることが、休止に向かう寂しさ、空虚感を軽減させてくれる助けとなり、刺激と希望のある時間にしてくれたのではないだろうか。共有する夢や希望、そして未来を描けたとき、シグネチャーストーリーはより魅力的になり、顧客とのつながりを強固にしていくのだと感じた。

第5章

最後の一瞬まで「嵐らしく」、ファンのために

2年間の集大成となった「This is 嵐 LIVE 2020・12・31」

活動休止前の最後のライブは、最終日である2020年12月31日に実施された。本書の最終章で、この「This is 嵐 LIVE 2020・12・31」（以下、This is 嵐 LIVE）を取り上げようと思った理由は3つある。

理由の1つ目は、嵐もファンも、このライブのことを活動休止発表からの約2年間の集大成として捉えていたからである。This is 嵐 LIVE のパンフレットの中で櫻井は、この2年間で自分たちがやってきたことの伏線が回収されるようなライブにしたいということを語っていた。

2つ目は、オンラインイベントの良い事例となるからである。特に、オンライン配信のイベントでありながら、会場で観るからこそ感じられる一体感、共創感のある体験をどうつくることができるか、そう悩んでいる方々の参考になると思う。また、イベント以外でも、リアル店舗と変わらない買い物の楽しさを、EC（電子商取引）でどのように感じてもらうかなど、オンラインでより楽しい顧客体験をつくるためのヒントを、This is 嵐 LIVEから学べるのではないかと感じている。

3つ目は、「ファンに楽しんでもらいたい」と詳細に至るまで考え抜くからこそ、感謝の気持ちを生むほどの体験がつくり出せるという、いい例になると思うからである。

ファンがリアルなライブで楽しんでいる、無観客配信でも体験できたらうれしいこと

演劇やライブなどのエンターテインメントは、会場で参加する臨場感に比べると、配信では物足りなく感じることは理解できる。2020年11月に録画配信で開催した「アラフェス2020」に関して、開催後に「自分の声を会場に届けられないのが寂しい」というTwitterでの投稿が多く見られ、そうした投稿を嵐メンバーも閲覧していたようだ。また嵐自身も、いつものライブのように会場にファンの声が響かないことや、ファンの顔を見ることができない寂しさを感じていたらしい。嵐は、ファンと自分たちのこうした思いをくみ取り、This is 嵐 LIVEでは会場でのライブに近づける方法を考えてくれた。

嵐ファンにとって、ライブ配信にどんな要素が加われば、会場でのライブと比較して感じる物足りなさが軽減されるのだろうか。例えば、有観客ライブの雰囲気を再現したいだけならば、過去のライブ音声でファンの歓声をつくったり、ペンライトで光の海をつくったりなど、技術だけでも解消できそうだ。しかしファンは、嵐メンバーたちと一緒にThis is 嵐 LIVEを「共創」していると感じたいのだ。会場のファンが一体となり、声を合わせて嵐を応援し、嵐のライブの一部になっていると感じることが、会場でライブを観ることの楽しさを増幅させる。そして、「ファンと一緒にThis is 嵐 LIVEをつくる」ということは、嵐がかなえたいことでもあったように思う。

では、具体的にどんな体験を組み込めば、ファンが共創を実感でき、満足度が高いライブ配信になるか。一ファンである著者自身が、過去の嵐ライブに参加した体験を振り返りながら、「配信でも、これができればなあ」という、嵐ファンにとってのウィッシュリストを推測し、作成してみた。

①ライブ前の準備期間を楽しむ

ライブへの参加が決まると、1カ月前くらいからワクワクし、忙しくなる。他の嵐ファンと一緒にライブをつくり、盛り上がるために様々な準備が必要だからである。メッセージを伝えるためにうちわをつくったり、振り付けやコール・アンド・レスポンスを復習したりするなど、リアルのライブに参加する前のように準備期間も楽しみたい。

②嵐ファンの友達と一緒に参加する

1人参加でも満足はできるが、嵐ファンの友達と一緒にライブに参加できるとうれしい。感動を分かち合うことは、ライブを楽しくしてくれる。

③会場一丸で嵐を応援して盛り上がる

声をそろえて歌ったり踊ったりできる曲を、会場全体で楽しみたい。コール・アンド・レスポンスや、曲や場面に合わせたコール（定型化している会場から飛ぶ応援の声）を行うなど、自分の声でライブを盛り上げ、ライブの一部になっていると実感したい。

④嵐とつながりたい

例えば、ステージ上の嵐に客席から大きく手を振るだけでも、嵐に直接会えた、双方向のコミュニケーションをとれたと感じられる体験をしたい。

リストにしてみて思ったが、４つのウイッシュをすべてかなえるのは非常に難易度が高いし、手間もかかる。しかし嵐は、ファンが「できるとうれしいな」と思う体験を、This is 嵐 LIVEで実現しようと工夫と努力を重ねた。もちろん、ファンが事前にこうした希望を嵐に直接伝えたわけではない。第2章、マーケティング理論のインサイトの箇所で書いたように、大切なのは顕在化しているニーズを満たすことではなく「現実化したら顧客がとても喜ぶもの」を考え、それを届けようと努力することである。

嵐は、ファンの言語化していない望みを、様々な工夫をし、多様な技術や打ち手を駆使して現実にした。ここで、4つのウイッシュ実現を目指し、嵐の講じた具体的な打ち手を、著者の考察を加えながら説明したい。

①準備期間を楽しむために、「一緒に準備する動画シリーズ」を配信

嵐は、ライブの1カ月前から「This is 嵐 LIVE みんなで準備だ！TV」（以下、みんなで準備だ！ TV）と題した動画の配信をYouTubeで始めた。告知編1回、本編10回のシリーズとして、ライブの準備を、ファンと嵐が一緒に、楽しみながら進めていくための動画である。例えば、チケットの購入方法や新機能の説明など、誰もが戸惑わずに楽しめるように嵐自身が指導してくれる。大野が「GUTS!」というみんなで踊るダンス課題曲の振

り付けを説明したり、二宮が丁寧にコール・アンド・レスポンスの指導をしたり、ノリのいい相葉がライブを盛り上げるコールを教えたりした。加えて、動画内の指導セッションの終わりには「課題」が出され、その提出も求められる。例えば、「GUTS!」の振り付けを覚えて、踊る自分の動画を撮影して投稿する、歌の課題曲を練習して掛け合い部分やコールを録音して送るといった課題をこなす。「YouTubeで嵐に教えてもらう」→「録画・録音を行う」→「動画や音声を送る」というアクティビティーを続けるので、ファンの日常は一気に忙しくなった。

ファンの送る動画などはライブの一部として使われると説明されていたので、動画作成には気合いが入っていた。高校で部活の友達と、おうちで一家団結して、もしくは1人でこっそりと、何度も録り直して作成する。この当時、ファンたちの「課題で忙しい！」というれしそうな、ぼやきのつぶやきを多数目にした。SNSでも他のファンとつながりながら課題について相談したり、お互いの課題を見せ合ったりと、ファンは準備期間を楽しんだ。これはオンラインだったからこそ達成できた、準備期間から嵐と共創の時間を持てる、ファンにとっては初めての体験になった。ライブの準備と課題をこなしながらの1カ月は、「休止までのカウントダウン」を、多くのファンにとって「ライブの日を、嵐と一緒に、準備しながら待つ」ワクワクする時間に変えてくれたようだ。

②一緒にライブが観られる機能を提供

コロナ禍のライブ配信は、家で1人もしくは家族と一緒に観ることが前提となっていた。ましてや大みそかの12月31日に、ファン同士が誰かの家に集まるのは、さらにハードルが高くなる。そうわかっていても、友達や嵐を通じて出会ったファン同士で、ライブを一緒に観て、感動を共有したいと思う人も多かっただろう。「ライブを嵐と一緒につくっているのだ」という感覚も、仲良しのファン同士でリアルタイムに共感し合えると、さらに強まる。

そんな「仲良しのファンと一緒に」というウイッシュをかなえる機能を、嵐はライブ配信プラットフォームに組み込んだ。遠く離れた友達ともライブを一緒に観ながら会話し、声を合わせて応援のコールも送れるのだ。

「フレンズ参戦機能」という名前をつけられた、この機能と使い方を簡単に説明したい。まずチケットを購入したファン同士で最大5人までのグループをつくり、事前に登録する。すると、当日はライブ映像を観ながら、そのグループ共通の画面上でビデオ通話ができるというものだ。ビデオ会議などの画面を思い浮かべてもらえればわかりやすいかもしれない。ライブが始まる前はお互いの顔を見ながら会話もできるが、ライブが始まるとカメラはオフになり、音声のみのやりとりとなる。その他、自分の声だけ消す「ミュートモード」、ライブ以外の音を消す「集中モード」というモードも選ぶことができ、グループの人と話す声とライブの音量のバランスも各個人で調整できる。加えて、1つのグループに絞れない場合は、複数のグループに参加するというグループの掛け持ちも可能だった。

「当日ちゃんと使えるだろうか」という不安を解消するため、フレンズ参戦機能の「予行練習日」がライブの4日前に設定され、希望者は事前にお試しができた。ライブが始まった後に使い方がわからず慌てることを防ぐ、嵐の細やかな気遣いが感じられた。

③会場が一体になって応援できるように、ファンから受け取った歌、踊り、嵐コールをライブに融合

一緒に歌ったり踊ったりコールをしたり、会場が一体となってライブをつくり上げる臨場感を、無観客ライブ配信で届けるにはどうしたらいいか。ライブ配信でファンとつながる方法を模索してきたと語る嵐。この「つながって盛り上がる」を実現するベースになったのが、みんなで準備だ！　TVの課題としてファンが作成し、送った動画や音声だった。

「GUTS!」のダンス動画、ファンが歌う2曲分の歌唱音声、3曲（「感謝カンゲキ雨嵐」「A・RA・SHI」「Happiness」）分のコール・アンド・レスポンス、ファンの応援コールなど、ファン自身が提出課題として録画や録音をして、特設サイトから投稿したものを素材として、ライブに融合した。

ファンの投稿した素材をどう使って一体感を生み出したのか。例えば、ライブを最初から盛り上げるために、ファンによって投稿されたコールの素材が使われた。リアル会場で行われるライブでは、始まる前にファンが声をそろえて会場中に鳴り響く「あ・ら・し」コールで嵐をステージに呼ぶ。参加しているファンは、このコールを聞いて、また「ライブ会場に帰って来た」と実感できる。このリアルなライブでの体験に似せ、This is 嵐 LIVEでも、投稿されたファンたちの声を使って「あ・ら・し」コールをつくり、ライブ開始直前に無人の会場に響かせた。このコールを聞いて、配信を観ているファンの気持ちは一気に高まり、家で1人で、あるいはフレンズ参戦機能を使って友達と声を合わせて、「あ・ら・し」コールを叫んだことが想像できる。

ライブの最中も、多数のファンたちが投稿した素材を融合し、会場で参加しているような雰囲気を生み出していく。ファンの歌声が嵐の歌と一緒に流れ、コール・アンド・レスポンスをする。ダンス動画の使い方も圧巻で、嵐が立つステージの背面と天井いっぱいに、「GUTS!」を踊るファンの様々な動画が映った。家族が、子供たちが、高校生たちが、様々なファンの姿が並び、満面の笑顔で踊っている。ライブの終盤、「僕らの名前は何だ！」とお決まりの台詞で聞く嵐に、ファンの声が「あらし！」と答える、そんなシーンにもファンが送った声を使い、その感想がTwitter上につぶやきがあふれた。

一緒にライブを盛り上げたいという思いを実現するために、過去のライブ音声やデジタル音源をただ単に用いてつくったりはせずに、ファンの投稿素材を使う。まさに嵐のライブらしく、オンラインであっても、ファンによって手づくりされた素材の「リアル感」と、自分たちの投稿で一緒にライブをつくったという共創感が、参加者の気持ちを盛り上げ、満たしたと思う。

④ステージ上の嵐と「会える」機能を導入

嵐とつながりたいというウイッシュに対しては、「生ライブ配信中に、嵐とファンが会場で会える」ということを目指して「MEETS CHANCE機能」（以下、ミーツチャンス機能）が導入された。開発や運用準備が難しかったようで、この機能の発表はライブ開催まであと2日という12月29日だった。

これは、抽選に当選したファンだけが使える機能で、会場の嵐に会い、双方向のコミュニケーションがとれるもの。嵐も解説に苦労していた機能だが、なるべく簡単に説明してみたい。会場には88枚のモニター（東京中日スポーツの記事より）とカメラが用意され、モニターはファンの姿を映し出すために、カメラは嵐の姿を写すために使われた。当選したファンの映像が、嵐の目の前のモニター画面にリアルタイムで映される。ステージの内側だけでなく外側に向けて設置されているものもあるため、配信ライブを見ている視聴者も、この映像を見ることができる。パネル（モニター）の中のファンたちは、嵐メンバーに手を振ったり、自作の応援うちわで直接メッセージを送ったりできる仕組みだった。「楽しんでる？」という嵐が投げる質問にも、88枚のパネルの中から、ファンが大きなジェスチャーで応える。

MCの間は、嵐メンバーたちがパネルの中のファンを話題にした。着ている嵐ツアーのTシャツや手にしているうちわなどにコメントし、パネルのファンが目の前にいてくれることを嵐が楽しんでいた。見守っているライブの視聴者も、当選したファン代表と嵐の双方向のコミュニケーションを楽しんだ。

ミーツチャンス機能に参加中のファンの視聴画面には、メインステージ目の前のカメラで撮られた映像が映る。この機能に当選し、利用できたファンの投稿によると、「さあ、嵐に会いに行こう！」というメッセージの後、画面上で扉が開き、嵐のすぐ側にいるような臨場感ある映像が映り、その嵐たちに必死に応援やメッセージを送ったらしい。1曲分くらい嵐と「会う」ことができ、曲が終わると「会いに来てくれてありがとう！」というようなメッセージとともに、通常のライブの映像に戻る。

松本が、ミーツチャンス機能は実現が難しかったことをみんなで準備だ！TVで語っていた。しかし、それでも活動休止前の最終ライブを、ファンとつながり、一緒につくり上げていこうという思いが非常に強かったからこそ生まれた機能だったのだろう。12月29日まで発表できなかったのは、そうした嵐の努力と思いの表れであったと著者は思う。

「リアルなライブに参加している感」の4つのウイッシュに対する嵐の打ち手は、完璧だったわけではない。例えば、フレンズ参戦機能を使いこなせなかったファンもいただろう。しかし、機能以上にファンが喜んだのは、「友達と一緒に観たいよね」というファンの気持ちを嵐が理解し、その願いをかなえたいと努力してくれたことである。12月29日まで技術的に難しいミーツチャンス機能にチャレンジし、双方向のコミュニケーションをつくり出したいと頑張ってくれた姿である。開発、提供してくれた技術と同じくらい、ファンにとってうれしかったのは、自分たちの望みやインサイトを真剣に考えてくれた、嵐の姿勢であったと思う。デジタル技術を活用する目的として、「ファンと一緒に、もっと楽しみたい」という思いが届くことが、嵐にとって重要であったと著者は感じていた。

「嵐らしく」ファンの感動を深めた6つの要因

ここまで、嵐が無観客ライブ配信を「いつもの有観客ライブ」に近づけようとして準備した機能や仕組みについて説明してきた。もちろん、This is 嵐 LIVEがファンにとって忘れられない、感動できるライブへと昇華した要因は、「リアルのライブに近づける努力をしたこと」だけではない。ファンに心の底から楽しんでもらい、最高の景色を見てもらうために、嵐は何を大切にし、どんなことを実行したのか。This is 嵐 LIVEで、リアルな体験に近づけるための機能や仕組み以外で、ファンの感動をより深める助けになった6つの要因を見てみたい。

要因①
一番大切な「ファン」を特別扱いする

第1章で、「誰に」とって魅力的なブランドにするかを決めることが重要だと説明した。一番大切な誰かには、「あなたたちが大切だよ。特別扱いしているよ」と感じてもらう、伝えていくべきだと思う。嵐にとっての「誰に」は、ファンクラブのファンだろうと本書では想定した。様々な場面で、嵐がファンを大切にしているのを見てきたが、そうした姿勢は、This is 嵐 LIVEでも一貫していた。

ここまで、ライブ感、共創感をつくっていくために、嵐がファンのために考えた打ち手の話をしてきた。その「共創」や双方向のコミュニケーションをとるための仕組みは、実は一番大切な「嵐ファン」限定で提供していた。

例えば、みんなで準備だ！ ＴＶの説明で、動画や歌声、コールを送信するという課題があると説明したが、実際、ライブ特設ウェブサイトから投稿できるのは、チケットを持つファンクラブ会員限定とされていた課題があった。また、ミーツチャンス機能に応募することができたのも、ファンクラブ会員だけであった。

加えて、ライブが終わって年が明けると、配信に参加したファンクラブ会員には、This is 嵐 LIVEの紙チケットと、実際に演出に使われた銀テープが届いた。銀テープとは、ライブ中に会場で飛ばされ、それをファンが拾って帰る、大事なライブの〝お土産〟である。たとえ無観客ライブ配信であっても、参加した記念として紙のチケットと銀テープが手元に残るという粋な計らいだ。

「あなたたちを特別に考えているよ」ということを実感させる、ファンファーストを貫く。ライブ冒頭のメンバー紹介も、ファンになじみのある定型化した台詞を変えず、「いつもライブに来てくれるファン」に違和感がないようにする。活動休止前の最後のライブであっても、この「誰が一番大切か」に関する一貫性を保っていたのを強く感じた。

要因②
状況を最大限に活用し、新しい驚きを届ける

コロナ禍において、無観客ライブ配信にならざるを得なかったThis is 嵐 LIVEだが、嵐は逆説的に、ポジティブに捉えた。無観客だからこそできる体験を届けようと、新しいチャレンジをし、今まで見ることができなかった風景を見せてくれた。

有観客で行われるライブでは、ステージセットを大規模にすると、機材の位置の関係などでステージが見えづらい席（見切り席）が増える。通常は、興行的にも参加するファンのためにも、見切り席を出し過ぎないステージ構造や演出を考えることが必要になる。

無観客なら見切り席の心配はいらない。そのメリットを最大限に生かして、もしThis is 嵐 LIVEが有観客ライブであったら、その３分の１以上は見切り席だったのではないかと思うほど、大規模な舞台やセットが組まれ、ダイナミックな演出がされた。

さらに、それをファンの視界を遮る心配なく、カメラ70台ほどで様々な角度から撮影した。映像やＡＲ（拡張現実）などの映像技術と重ねて多面的に使うことで、１カ所の会場で実施しているとは思えないくらい、ライブ配信の視聴者は、複雑で大胆な演出を楽しむことができた。例えば、This is 嵐 LIVE開始時のメンバーの登場場所にまず驚いた。センターステージの真ん中に立つ25メートルのタワーの頂上、そこに輝く直径６メートルのミラーボールの中から現れたのだ。その際、ＡＲやＣＧも使われ、美しい画を見せてくれた。この25メートルのタワーやミラーボールも、直径40メートルの巨大なセンターステージも、会場に５万５０００人の観客を収容しようとすれば、不可能だっただろう。

無観客ライブのステージは、巨大なセンターステージを含めて５つの空間で構成されており、メインステージのセット裏には２つの特別な演出ができる部屋が用意された。１つは「The Light Room」という全面鏡張りで、照明とレーザーだけを使用する空間。もう１つは「The AR Universe」という仮想空間ルームで、壁と床がモニターで構成され、凝った演出とともに数曲ずつが歌われた。この2つの部屋を使い、今までのライブでは観たことがない、光と鏡、ARなどを組み合わせた幻想的な映像を見せてくれた。5つの独立する空間というぜいたくなスペースの使い方は、無観客ならではであったと思う。

舞台セットとデザインは、イギリスの「STUFISH」とつくり上げたらしい。STUFISHは自身たちを「THE ARCHITECT OF ENTERTAINMENT」（エンターテインメントの設計士）と呼んでいるプロフェッショナルチームであり、ビヨンセ、マドンナ、レディー・ガガ、ザ・ローリング・ストーンズなどの著名なアーティストや、オリンピックセレモニーなどのステージも手掛けた設計会社だ。「世界中に嵐を巻き起こす」の夢にも通ずる、世界レベルの舞台をつくることを目指せるパートナーである。

毎年のライブで、嵐と新しい景色を一緒に見る、新しい演出で嵐に驚かせてもらう、それがファンの、嵐のライブに対する期待であり、お約束であったと著者は思っている。集大成のライブで、今まで有観客ではできなかった、はじけた舞台セットと考え抜いた演出を用い、ファンの期待に応え、最高の景色を見せてくれた。

要因③
使えるリソースをすべて活用して、ファンを楽しませる

無観客ライブ配信であることを嘆くのではなく、その状況を最大限に生かしてできること、新しい驚きをファンに届けたThis is 嵐 LIVE。その驚きや感動を生み出していたのは、デジタル技術や巨大なセット、新しい試みだけではない。通常ライブで使われてきた技術や手法、過去の写真や映像、ファンの気持ちや好きな演出の理解、ジャニーズ内のリソースなどを駆使し、組み合わせ、プロデュースしていた。「ファンを楽しませる」という目的を達成させるために、持てるものすべてを使って、飽きさせない世界観とステージを作り上げていた。

例えば、嵐のライブ定番グッズのペンライト。5万5000本のペンライトを会場の客席にセットした。自動制御機能を使い、客席全体にペンライトの光で曲に合わせた風景を描き、演出の一部とする。この5万5000という数は、嵐の東京ドームライブの観客動員数と同じであり、ペンライト1本1本がファン一人ひとりだという思いが込められている。

ファンは、華やかに、舞台で激しく踊る嵐が大好きである。とりわけ、大野が振り付けた

曲をメンバー5人がステージで踊るのを観るのも、ライブに参加する大きな楽しみとなっていた。今回ファンに特別感を提供したのが、まず大野が新しく振り付けし、5人で踊る3曲をThis is 嵐 LIVEで初めて披露したこと。「The Light Room」を使った幻想的な演出なども加え、This is 嵐 LIVEの1回限定の踊りと演出になった。

ファンを喜ばすためにファンを理解し、そのインサイトを見極め、それに合った体験を届けることが重要である。デジタルや技術だけに頼らないライブの多彩な、宝箱を開けるような体験ができる演出を見て、ファンの好きなものを理解して、高い質で届ける大切さを再確認した。

要因④
徹底的に、「思い」が伝わるように努力する

「This is 嵐 LIVEは、嵐からファンへの、感謝や思いを「届けたい」という気持ちが伝わってくるライブだった。ライブの終盤で、メンバーそれぞれがファンに向かって、他メンバーへの思いや、休止に向けた自らの今の気持ちなどを語った。ライブ中は、歌詞や曲で継続的に嵐からのメッセージが伝えられていた。

第1章でも書いたが、嵐はファンに元気をくれ、応援してくれる。嵐の曲の多くは、「応援する、勇気を与える、背中を押す、夢や希望を与える」歌詞が主体になっており、日々の生活の中で、ファンを応援してくれ、元気づけてくれた。This is 嵐 LIVEのセットリストには、嵐らしく背中を押す歌詞、ファンへの感謝を込めた歌詞など、嵐が伝えたいメッセージが含まれている曲が中心に選ばれていた。ライブ後、SNSでファンの投稿を見ても、歌詞のメッセージ性を感じ、感動したファンが多かったようだ。

「歌詞でメッセージを届けたい」という思いを実現する工夫もされていた。例えば、ライブ開始時に、視聴者は日本語か英語で字幕を表示するかどうか選ぶことができた。字幕を表示すると、すべての曲の歌詞が視聴している配信画面の一番下に出てくる。歌を「聴く」だけでなく、歌詞を同時に「読む」ことで、心にメッセージがよりダイレクトに入ってくる。メンバー5人各自が話す、歌で聞かせる、歌詞を読ませるなど、メッセージの伝え方に変化をつけつつ、嵐の思いを伝えていたのである。

要因⑤
日常っぽい仲の良さ、絆の深さを見せ、「5人で嵐」というブランドのコアを見せる

嵐は活動休止の寸前まで嵐だった。ライブの随所で5人が手をつなぎ、スキンシップをとり、笑顔で笑い合う、いつもと変わらない5人を見ることができた。5人が着ていたライブ衣装の一つは、大野がこのライブのためだけに絵を描き、デザインされたジャケットで、メンバーがうれしそうに着ていた。MCでの平和なやりとりや、大野や相葉の言い間違えに突っ込む二宮など、「わちゃわちゃ感」のある、いつも通りの仲の良い雰囲気を感じることができた。

舞台上では、相撲をとる大野と相葉や行司を行う櫻井を見たり、昔話を懐かしく話すメンバーを見たりすることができた。

メンバーの仲の良さ、「5人のメンバーで嵐」は、嵐のシグネチャーストーリーの一部であり、ファンにとって嵐のことを好きだと思う理由の一つである。舞台上の5人とその自然な関係性を見て、改めてそのストーリーを確信することができた。

要因⑥
メンバーとファン「5＋1」で歩んだ21年を振り返る

「PIKA★★NCHI DOUBLE」「君のうた」の2曲を演奏した際、デビュー当時からのメンバーの写真が歌詞とともに演出の一部で使われた。21年間の時の経過を表示する時計、写真などを使って見せていく。ファンからするとなじみ深い写真、ライブのときの写真、CDのジャケット写真などを、違うレイアウト、使い方で見せていく。過去の写真がループのようにつながり、5人とファンの「嵐」が歩んできた21年間を、嵐の成長物語を、ファンも一緒にたどる演出になっていた。

この、嵐の軌跡をファンとたどる演出は、「5人＋6人目の嵐＝嵐」であるという、嵐ブランドのシグネチャーストーリーとも一貫していた。あいさつの言葉で、歌で、嵐の軌跡を示すデビュー当時からの写真で、シグネチャーストーリーを語っていた。そして、ファンとたどる21年の歴史は、一緒に歩いてきてくれたファンへの嵐からの感謝のメッセージでもあった。「5人＋6人目の嵐」のメッセージやストーリーは、ライブの中でも一貫して伝えられており、ファンの間で大きな共感を呼んでいた。

本書を通して読者の皆さんと見てきたマーケティング理論をフルに活用し、嵐は最高のライブをつくった。ファンを理解しようと、楽しませようと努力し、嵐ブランドとしてやるべきだと思う最高のライブをファンに届けた嵐。既存の手法からデジタルを活用した最新の技術までを駆使し、最後まで「6人目の嵐」であるファンを「嵐らしい」ライブで感動させ続けたのだ。

最後の瞬間に向かった嵐とファン

This is 嵐 LIVEは、後半に入って16曲目が終わった時点で、NHK紅白歌合戦に生出演する嵐メンバーを待つために一時中断した。その間に、メンバーへのサプライズとしてライブ視聴者からのメッセージが募集され、各視聴者1人につき1メッセージ投稿することができた。嵐が紅白の演奏から戻り、全28曲を演奏したThis is 嵐 LIVEが終わりに近づいたころ、「感謝カンゲキ雨嵐」を歌うメンバーにそのサプライズ演出が贈られた。東京ドームの巨大な天井や空間一面に、視聴しているファンからのメッセージが映し出され、流れ始めた。外国語のものも含め、嵐への心からの感謝と、嵐を好きという思いであふれていた。天井を埋めるメッセージが流れる中、メンバーがそれぞれ「しばらくのお別れ」の言葉と思いをあいさつで伝えた。会場に置かれた、ライブ視聴者の代わりの5万5000

本のペンライトが、あいさつをしているメンバーのメンバーカラーに色を変え、エールを送った。

例えば、櫻井のあいさつは、嵐メンバーがこれからもつながり続けること、明言はしないが、いつか嵐として戻ってくる日がくるかもしれないことなどを示唆し、嵐の明るい未来を信じたいファンを勇気づけるものだった。

ラストの歌が終わり、肩を組んで、階段を上っていく嵐。5人で手をつないで、涙ぐみ、涙をこらえて、笑顔を見せた。その瞬間、まばゆい光の洪水の中、嵐がすっと姿を消した。そして嵐が消えた空間に、青空と虹が広がった。虹と空の演出は、松本が1時間前の紅白歌合戦であいさつした言葉を映像化した印象だった。

ライブが終了してからも、「The Music Never Ends」をBGMに、ドームの会場内にライブ視聴者からの嵐へのメッセージが流れ続けた。

嵐が活動休止を発表したときの記者会見で、「ファンの人たちに無責任だと思いませんか」というような質問が記者から飛び出した。そのとき、最後の瞬間にファンにどう思ってもらうか、そのために2年間のファンとの時間をできるだけ楽しいものにしたいという主旨のことを発言していた。天井を流れ続けるメッセージは、感謝と、嵐への応援と、未来への希望にあふれていた。本書で説明してきた、ファンのことを考え抜いたマーケティングの結果が、この天井のメッセージなのだと著者は感じていた。2年間を一緒に旅してきたファンは、メッセージの一つ一つを読み、うんうんとうなずきながら、嵐への思いをさらに強くしていたのだと思う。強い共感を呼ぶ、最も説得力のあるアーンドメディアであった。

メッセージを映し終えたのは、ライブ終了後40分が過ぎた頃だろうか。その間ファンたちは配信画面の前から立ち去ることができず、「The Music Never Ends」を聞きながらメッセージを読み続け、自分と同じ思いの言葉に癒やされ、救われていたのだと思う。2020年が終わる、日付が変わる直前に、最後のメッセージが流れた。その瞬間、BGMが「A・RA・SHI」に変わり、嵐のメンバー5人が即興で書いたらしい直筆の感謝のメッセージがドームの天井に大きく映された。この嵐からのサプライズに、天井のメッセージを読み続けていたファンたちは号泣したようで、嵐へのメッセージがTwitterにあふれた。こうして嵐と共に過ごしたファンたちの年末が終わった。

活動休止発表の記者会見では、メンバーたちが各々の言葉で、休止直前まで頑張りたいという言葉を述べていた。この言葉を、２０２０年が終わるその瞬間まで、嵐は実行したのだと思う。

休止までの2年とライブの考察

This is 嵐 LIVEの後に

長いような、あっという間に過ぎ去ったような、嵐との2年間が終わった。ファンにとっては、新しい情報と夢を追う躍動感、とてつもない不安と増えていく希望、新しいSNSメディアなどとの出合い、一気に深まった嵐への理解といった、感情がついていけないくらい忙しい2年であったと想像する。

「嵐というブランドとは何か」や、「自分たちは何者なのか」がわからないまま始まった嵐。その活動の中で向き合わざるを得ない状況だったとはいえ、徹底的にブランドを考え抜き、ファンのブランド愛や共感を創出するために行動し続けた。例えば「5人で嵐」のような、嵐としてのコアな部分にこだわりながらも、何が嵐で、何が嵐ではないかを5人で考えて決断し、そのうえで新しいことにチャレンジし続けた。自分たちがコントロールできない状況の変化にも柔軟に対応し、ファンに笑顔を届けるため、ファンと一緒に走り続けた。嵐は、どの場面のどの行動を切り出しても「嵐」であり、尊敬できるマーケターとしての決断、姿勢、実行を見せてくれた。著者としては、ブランディング、マーケティングの本質に関して、嵐から学ぶことが非常に多かった。

自分たちのブランディングとマーケティングの対象である、「ファン」の気持ちや行動を観察し、おもんばかり、少しでも幸せにできるようにと考え、実行し続ける。デジタルや新しく開発する技術も、既存の仕組みや手づくりのオペレーションも、できることはすべて駆使する。特に、SNSやデジタルを活用して、顧客との関係性を深めることが重要になっている現在だからこそ、現場の方も戦略を考える方も、嵐から学べることが多いのではないかと著者は考える。

著者は、嵐のようなマーケティングをしたいと思うからこそ、嵐のマーケティングの本質は何か、なぜこんなにも強く、たくさんの人に愛されるのかを理解したいと強く思った。嵐のマーケティングから学び、学んだことを現場の仕事に活用しようと思ったとき、「本質」が、「なぜ」が、わからないと再現性がないからである。

嵐のマーケティングの本質を、深く理解しようと努力している途中で見つけた「これは興味深い！」「これはいい学びになった」と思ったことを、ここまで読者の皆さんと共有してきた。嵐のマーケティングを分析し、その本質を理解しようとする旅にお付き合いいただいたことに心から感謝を伝えたい。

きっと読者の皆さんにも、著者にとっての嵐のような「こんなマーケティングをやってみたい」と感じさせる最強のマーケターやブランドがあるのではないだろうか。そうした人やブランド、企業を見つけたとき、その本質と「なぜ」を、とことん掘って考えてみていただきたい。最強のマーケターから学び、そのエッセンスを実際のマーケティングに生かす際、本質と実践の両方を詳細に理解している必要がある。そんなとき、本書で一緒に嵐のマーケティングの本質を深掘りしたことが少しでもお役に立つとうれしい。

誰かのマーケティングの本質を「なぜ」で掘っていくのは、マーケティングがより好きになる、ワクワクする楽しい時間であると著者は信じており、読者の皆さんにも、そうした楽しい時間をより多く持っていただけたらと願っている。

おわりに

嵐のマーケティングやブランディングの本質を理解し、読者の皆さんにその学びをシェアしたい。嵐の細部までこだわった実例から、その考え方、姿勢、センスなどを学び、人の心を動かせるマーケティングが実行できるようになるとうれしい。そんなことを思って、著者として初めての本書を執筆した。

個人的な体験の話となるが、私が独立する前、企業の中でマーケティングの仕事をしているとき、忘れがちだが本質的なことを改めて嵐に気づかせてもらった。当たり前、基本のようだが、例えば、顧客を幸せにすることを中心として考える大切さである。自分の顧客のことをとことん理解しようとする。その人たちを笑顔にするために、自分のブランドが何をできるか考える。それをマーケティングや製品開発の第一の目的とすることを忘れない――ということである。正直、少しお恥ずかしいが、企業で仕事をしていると、一番大切な顧客をとことん考えることよりも、目の前の直面している課題、販促結果の分析、社内の事情理解や他部署との調整、上司の説得と予算取りなどを考えている時間の方が多いときがある。頭の中を「今やらねばならないこと」が占領している状態にもなる。

あるとき、顧客に十分向き合っていないというモヤモヤした気分を抱え、ギリギリまで仕事をし、東京ドームの嵐のライブに駆けつけるということがあった。嵐と過ごした3時間強は、「ここまでやってくれるなんて」と申し訳なくなるほどの濃い、心躍る時間だった。私たちファンの楽しい時間のために、全力で考えて、やり切ってくれる。アンコールにペンライトを振っている頃には拳に力がこもり、「明日から頑張るぞ」「顧客の笑顔のために、全力で！」と思えた。自分がマーケティングという仕事をしている意味、消費者や顧客に向かっている意義、そうしたことを改めて思い出させてくれた。そして、嵐の歌に合わせて跳ねては、ドームの床を地震かと思うほど揺らし、感動して泣き、元気をもらって満面の笑顔になっている5万5000人を見て、拳にもう一度力が入る。「こんなふうに気持ちを動かしたい、顧客のこんな笑顔が見たい」と心から思った。

忘れてしまう瞬間もあるが、マーケティングは楽しくてエキサイティングな仕事である。消費者や顧客のことをとことん考え理解する。顧客データの分析やSNSなどで、自分の顧客の反応や考えていることを知ることもできる。情報源は無尽蔵にある。そのうえで、顧客が「より楽しい」「便利だ」「得した」と思える体験をつくり、伝える。そうした一連の活動を、粘り強くやり切ることが、マーケティングという仕事の醍醐味であると思う。

もちろん、楽しいばかりでないことも日常の現場で起こると思うが、それでもマーケティングを楽しんでいただきたいと著者は心から願う。楽しむことで、発見できること、知りたいと思うこと、つながりたいと思う人などが、広がっていくのだと思うから。

初めての書籍の執筆は、予想以上に大変だった。「走りたい」という思いだけで、トレーニングなしにフルマラソンに参加してしまったような……。絶対に走り抜けないと思った距離を百万回と後悔しながら走り、今ここで初めてゴールテープを実感している。「こんな長距離、無理」と泣き言を言っていたとき、嵐の歌やライブＤＶＤに励まされた。特に、不安になって弱っていた心に、嵐の歌詞が響いた。嵐の歌詞に、背中を押してもらい、手を引いてもらいながら、本書を仕上げたような気がする。嵐は、人々を応援し、勇気と笑顔をくれるブランドなのだと改めて感じた。

著者が苦悩して書いた本書を通じての学びを、読者の皆さんが仕事の場で活用してくださる。仕事を通じて関わる消費者の気持ちが動き、笑顔が増える。消費者や顧客にとって幸せな商品やサービス、体験が増え――。そうした消費者や顧客の、幸せの連鎖に本書が少しでも貢献できたら、著者にとっても幸せで、誇らしい体験となる。

日経BPより、本書の執筆を見守ってくださった杉本昭彦さん、担当編集者として書籍の方向性を含めて一緒に決め、励まし、ご指導くださった伊藤健さんに深い感謝の念を伝えたい。事実の調査、文章の校正、作図など幅広くサポートしてくれたIBAカンパニーメンバーの花塚真理子さん、前橋史子さん、嵐に関する調査、商品・販促企画の実務者としての考察で執筆をサポートしてくれたFundayの富井りささん、マーケティング理論に関してアドバイスをくれた元インターンの竹内亮介さん、マーケティングのプロの視点からサポートしてくれた株式会社よりそうCMOの秋山芳生さん。また、理論や戦略に関する視点の整理をお手伝いくださった百年コンサルティングの鈴木貴博さん。皆さんのおかげで、本書を読者の方々にお届けできたと、心から感謝している。

私が嵐から教えてもらった学びで、読者の皆さんの仕事が少しでも楽しく、よりエキサイティングなものになりますよう。

最後に、私に、進む勇気と、たくさんの幸せをくれた、嵐メンバー5人に、心からの感謝を。5人は、私にとって、尊敬してやまない、最高最強のマーケターである。

射場　瞬

射場 瞬（いば ひとみ）

IBAカンパニー 代表取締役
現在は、米国のデジタル技術やビジネスモデル、マーケティングの最新知見を活用し、企業の事業開発やDX戦略のコンサルティングを行う。マサチューセッツ州立大学にてMA、ニューヨーク大学スターン経営大学院にてMBA取得後、グローバル企業（Colgate- Palmolive、Kraft、American Express、Fila）の米国本社勤務を中心に、約15年間、マーケティングや事業開発のマネジメントを経験。その後、日本コカ・コーラ社マーケティング本部副社長を経て、2010年IBAカンパニー設立。嵐ファンクラブ歴は14年。初参加の07年ライブで魅力にはまり、現在に至る

日経クロストレンド

「新市場を創る人のデジタル戦略メディア」を編集コンセプトとして2018年4月に創刊した会員制有料オンラインメディア。テクノロジーがビジネス環境をどう変えるのか、そして、その先の消費トレンドはどう変わるのか、「デジタルで変わる企業と消費者の関係」を徹底的に取材し、マーケティング戦略立案の指針になる事例、新しいものづくりでのデータ活用法、ビジネスパーソンが知っておくべき消費トレンド情報を提供している。
https://xtrend.nikkei.com/

「嵐」に学ぶマーケティングの本質

2021年6月21日　第1版第1刷発行

著　者　射場 瞬
発行者　杉本 昭彦
発　行　日経BP
発　売　日経BPマーケティング
〒105-8308　東京都港区虎ノ門4-3-12
https://www.nikkeibp.co.jp/books/
編　集　伊藤 健（日経クロストレンド）
装　丁　小口 翔平+加瀬 梓（tobufune）
制　作　關根 和彦（QuomodoDESIGN）
印刷・製本　大日本印刷株式会社

ISBN978-4-296-10944-9
Printed in Japan